致力于中国人的教育改革与文化重建

立品图书·自觉·觉他
www.tobebooks.net
出品

中国再连接

中华文明与天下新秩序

王赓武 —————— 著　青元 —————— 译

华龄出版社
HUALING PRESS

责任编辑：董　巍
责任印制：李未圻

图书在版编目（CIP）数据

中国再连接：中华文明与天下新秩序/（新加坡）王赓武著；青元译.-- 北京：华龄出版社，2021.1
　　ISBN 978-7-5169-1785-5

　　Ⅰ.①中…　Ⅱ.①王…　②青…　Ⅲ.①中国历史 – 研究 Ⅳ.① K207

中国版本图书馆 CIP 数据核字（2020）第 232048 号

书　　　名	中国再连接：中华文明与天下新秩序
作　　　者	（新加坡）王赓武　著　青　元　译

出 版 人	胡福君
出版发行	华龄出版社
地　　址	北京市东城区安定门外大街甲 57 号　邮　编：100011
电　　话	010-58122246　　　　　　　　　传　真：010-84049572
网　　址	http://www.hualingpress.com

印　　刷	北京彩虹伟业印刷有限公司
版　　次	2021 年 1 月第 1 版　　2021 年 1 月第 1 次印刷
开　　本	880mm×1230mm　1/32　　　　印　张：6.25
字　　数	134 千字
定　　价	68.00 元

版权所有　翻印必究
本书如有破损、缺页、装订错误，请与本社联系调换

值此东亚研究所成立二十周年之际，
我把这本书献给我的东亚研究所同事和朋友。
我感谢他们所有人，过去和现在，
为这二十二年的友谊，
让我们互相砥砺。

致　　谢

　　这本书反映了我最近在重新审视中国时的探索，同时我要向过去和现在的东亚研究所同事致敬。本书的一些章节也选自我在其他地方的演讲，主要有：

2007 年在东京举办的石崎讲座；

2016 年在《海峡时报》全球论坛上的报告；

2016 年在斯德哥尔摩举办的关于"什么是中国？"（What is China?）专题讨论会的报告；

2016 年在清华大学的讲座；

2016 年在新加坡与中国外交官员的会谈；

2016 年在东非国际组织上的报告；

2018 年在中国台北举办的"新世界秩序"国际会议上的报告；2017 年在马来亚大学的讲学；2017 年在香港中文大学的讲学；2018 年在南洋理工大学的讲学；2018 年在中国香港大学的讲学。

前言：重新审视中国当代史

在2017年新加坡国立大学东亚研究所（East Asian Institute，"EAI"，以下简称"东亚研究所"）即将在迎来20周年庆祝之际，我的同事们想到我们应该为这个场合写点东西；而我更加雄心勃勃，希望把这些想法整合成一本书向这一重要时刻致敬。我加入该研究所已经22年了。实践证明，这比我预料的要困难得多。我从同事那里学到了很多东西，我不得不重新学习很多中国历史，同时努力去探求过去20年来中国所发生的一切。

首先，我在东亚研究所的停留对我来说就像是另一个新的开始。最早的时候，我父母告诉我，我们即将回到中国。于是，我开始研究中国的诗歌、文学以及传统经典，这是我第一次研究中国文化。实际上，我在南京大学学习了一年，中国虽然没有成为我的故土，但那些岁月里的生活，在我的脑海中留下了深沉的印记。

然后我离开了中国好几年，主要在马来亚①，也在英国度过了

---

① 马来亚于1948年改组为马来亚联邦，并于1957年8月31日获得独立。马来亚于1963年9月16日与北波罗洲，砂拉越和新加坡联合，成为马来西亚。1965年8月9日，新加坡成为独立主权国家。

一段时间。我在研究了很多课题之后，毅然把目光转向中国，把中国历史作为研究的方向；但我并不是研究当前的中国政府，相反，我开始沉浸在"汉学"研究中。这更像是重新开始，可以说这是我第二次研究中国文化。当我作为马来亚大学教授在新加坡、马来西亚、吉隆坡教授中国历史时，也一直在研究中国文化。那时候，我更加关注东南亚的历史，尤其是该地区活跃了几个世纪的中国人后裔的研究。这些新研究让我对中国的过去和现在有了不同的看法，那些我以前从未真正理解的中国文化。

1968年，当我去澳大利亚国立大学（Australian National University）任教时，看到中国正经历着前所未有的混乱与动荡，我突然意识到，我对当代中国史知之甚少。我决心更深入地去了解中国文化。于是，我开始收集与之相关的书籍、期刊和文档。堪培拉和大学开放的研究环境，让我得以触摸到20世纪中国革命的多个面向。如今，中国发生的巨变，让很多历史学家陷入了迷茫，他们研究了中国很多年，可是突然间却发现中国变得如此陌生，甚至更难以捉摸。我在澳大利亚国立大学工作了18年，我一直都在反思自己所研究的中国是否真实。直到后来，我逐渐意识到，我早已被新加坡和马来西亚的大量我无法读到的解读中国的资料所误导，进而陷入思维的僵局。于是，我开始重新定位，调整注意力，并很快意识到，我对中国的理解正经历着又一个新的开始。

我离正在发生巨变的中国很遥远，所以得到的真实资讯非常有限。很多人经常提醒我，中国即将迎来更多更大的变革。当中国果断地告别了"十年动荡"的岁月后，中国发生了非凡的转变，开启了一段新的历史征程。我和我的同事为了观察中国的这些变化，进行了多次访问，试图跟上新的发展步伐。后来，我有机会担任香港大学校长，这样难得的机会，能让我近距离观察中国。中国是如何对外开放并适应本质上是资本主义的全球市场经济的，毕竟中国曾经花了 30 年时间来谴责这一切。

我在香港的十年中，反复地研究了英国曾希望留下的殖民体系以及大多数香港人是如何殷切期盼回归到中国的。我很荣幸能与多年来一直在为香港成为中国特别行政区而努力的人们站在一起，共襄盛举。人们对于香港的法律和金融机构的自治，曾经有过焦虑的时刻，但是对于大多数人来说，这已成为中国未来发展的一部分，这样的前景似乎既更具吸引力又令人振奋。

从这个有利的角度来看，当苏联解体和冷战结束时，我看到中国正在寻求在一个新的全球框架中重新定位自己。令我印象深刻的是，许多中国领导人都意识到，中国的未来必须以某种方式与其传统重新建立联系。中国开始重新考虑如何能够面对现在由单一超级大国主导的全球体系。越来越多的迹象表明，中国领导人开始对中国历史有了更深层次的理解，无论是近代史还是久远的历史。

一个熟悉的现代性特征很快就出现了。中国领导人热衷于引导正在重新抬头的民族主义热情。即使是在急切地向西方发达经济体学习的时候，许多中国年轻人也热衷于回顾中国最好的文化遗产。一些人好奇，民族主义者如何在本世纪初激起了高度的爱国主义；其他人则重新审视了清政府没有及时救亡图存，以挽救其衰败的命运。对中国人来说，越是发现历史的延续性，就越意识到必须回到千年历史的脉络中，与之重新建立连接，尽管它是艰辛而曲折的，但确是十分有益的。严谨地审视和研究中国的过去，可以为中国人面对未来提供所需的精神和文化动力。中国的这一转变现象给了我很多思考的空间。

当我离开香港前往新加坡时，我加入了当时由新加坡第二副总理兼教育部长吴庆瑞博士①创办的东亚研究所。在东亚研究所的工作对我来说尤其具有挑战性，因为它设立在新加坡。作为一名中国历史学家，我的观念再次发生了转变。因为我东亚研究所的同事们生活在一个以华裔为主的国家，这个国家是多元文化、多种语言、多宗教信仰的，并且坚持认为这里不是汉文化圈。与研究所的合作，发现在这种情况下解释中国的复杂微妙之处，是一次非同寻常的经历。

我曾经在三个不同的时期，试图了解中国：中国是如何对待其他大国的，以及它们是如何适应这个拥有两个超级大国的世界的。我还试图了解在冷战期间，小国保持中立是如何努力的。最近，在与美国和中华人民共和国这样的大国打交道时，存在着如何保持中立的问题。在其他层面上，我曾希望先从远处了解毛泽东时代的中国，然后，走近一点，转过头来，欣赏邓小平的改革开放。吴庆瑞博士的研究，对我来说是全新的视角。

我了解到，他希望研究所解释：中国正在做什么，它的眼前和长期的利益是什么，以及在有如此众多的民族分布的如此广阔

---

① 吴庆瑞（Goh Keng Swee，1918—2010），新加坡开国元勋之一，新加坡前副总理。吴庆瑞辞去新加坡副总理之职后，于1985—1990年担任中国政府顾问。

而发展又不平衡的国土上时,它该如何制定国家政策等。想要研究这些问题,其实一时很难以实现。但是他认为研究所的目的,不是为了表扬或辩护,也不是为了评判或批评中国的所作所为。他也不希望研究所采用欧洲、美国和其他类似研究中心的价值体系和理论框架,尤其是那些不适合描述中国国情的价值体系和理论框架。所有这些都要求我们,在阅读研究大量现有资料的同时,怀有开放的心态。我的同事告诉我,他们是如何承受并化解这些严峻挑战的。我想,东亚研究所为实现这一目标已经走了很长一段路。

多年来同事们的研究和描述帮助我重新定位自己对中国历史的理解。当郑永年[①]成为所长时,他鼓励我继续与同事们交流,以便我能够及时了解正在发生的事情。因此,我就能够定期回顾"中国历史中与今天的中国人仍然相关"的研究。我这些经历的变化,使得我更加敏锐地意识到"现在和对未来的希望"是如何影响当下的。在这本书中的论述,我虽然通过阅读同事的著作、参加研究所的会议,以及相关的讨论,学到了很多,但本书中任何错误或曲解的观点,都是我个人的。

对我而言,还有一个很大的惊喜。我和妻子玛格丽特(Margaret)惊讶地发现,我们1996年1月初抵达新加坡以来,这里是我们在任何一个国家或城市逗留的最久的。这令我和妻子玛格丽特感到荣幸。在此期间,我有幸看到新加坡这个城邦

[①] 郑永年(Zheng Yongnian,1962年—),中国政治、国际关系与社会问题专家,前任新加坡国立大学东亚研究所所长。

国家的进一步发展,成为一个经济和政治潜力不断增长的活力中心。这与我 1949—1954 年第一次来到这里时所看到的殖民地城市有极大的不同。如果你想了解东南亚地区是如何因中国正在重塑全球经济大国地位而发生变化的,新加坡就是一个理想之地。

2017 年 5 月 24 日,在庆祝东亚研究所成立 20 周年之际,我将自己在研究所的研究记录在案,并简要介绍了东亚研究所的起源,以及对它所做的研究进行了一些思考。

在这个值得庆贺的时刻,我希望你们能欣赏我对研究所历史的叙述。我相信这个故事是一个值得重述的故事。它是一个出人意料的,甚至是戏剧性的转变,反映了新加坡的社会面貌。在我看来,学习的意愿和应对新挑战的能力是这个城市国家在快速变化的世界中取得成功的关键。

东亚研究所的故事始于吴庆瑞博士在担任(新加坡)教育部长时的经历。吴博士专注研究他认为新加坡应该代表的伦理价值,这促使他建立了东亚研究所,并专注于儒家过去的普世价值如何为我们今天提供经验教训。

吴博士随后将研究所的注意力转向了中国的现状,这发生在新加坡同中国于 1990 年建立外交关系之后。中国在经历了政治改革和经济改革之后,决心重新改革并重建自己的文明。吴博士选择通过政治经济的发展来研究这一现象,因此,研究所更名为"东亚政治经济研究所"(Institute of East Asian Political Economy)。

吴博士随后从经济系请来黄朝翰教授①，带领研究所深入研究当代的中国。

1996 年，我以执行主席的身份加入研究所时，这项研究急需与一个更大的研究机构进行密切合作，这是显而易见的。我们很幸运，新加坡国立大学（NUS）副校长林彬（Lim Pin）教授愿意让我们加入新加坡国立大学。在我们的新家，以东亚研究所的名义，我们招募了专门研究中国迅速崛起的学者。中国的快速变化需要那些熟悉中国的学者来密切关注，它需要训练有素的人来审视这个幅员辽阔国家的复杂性，因为这个国家已经决心尽快发展。

时任信息及艺术部部长杨荣文②先生出席了我们作为新加坡国立大学一员的重新开幕仪式，并鼓励我们把"中国如何重塑自己"的研究新成果向世界传播。我很高兴黄朝翰教授同意留下来担任研究所的研究室主任。幸运的是，我们现任的主任郑永年也加入了我们的行列。基于此，东亚研究所变得更加踌躇满志，雄心勃勃。

一、我们的宗旨

在过去的 20 年里，我们一直在研究还有多少工作要做。因为中国继续以超乎任何人想象得更快、更复杂的方式发展，这使我们感到无比震惊。我们现在已经看到，中国是如何掌握工业化

---

① 黄朝翰（John Wong 1939—2018），1939 年生于广东，新加坡资深中国问题专家、著名经济学家，前任新加坡国立大学东亚研究所学术所长。

② 杨荣文（George Yeo，1954 年—　），在李光耀长子李显龙任新加坡总理时被任命为外交部部长。

社会所需的前沿技能，并获得了西方最发达国家所能做到的任何所必需的技术。同样令我吃惊的是，中国人同舟共济、砥砺奋斗、齐心协力地把中国的现代转型与中国过去的历史联系了起来，这不仅是一个试图赶超欧美的国家，而且是一个正在规划未来的国家。在未来，中国将再次成为一个完整和一体化的政治体系，它希望自己能够强大和繁荣，能够更新其独特的文明，从而引起世界对它的尊重。

我们也希望通过这种方式，人们能够重新审视媒体对中国的报道，因为现在媒体对中国的解读都是片面的。因此，我们招募了那些可以信赖的人，提供关于中国正在发生的准确而新近的信息。此外，黄朝翰和郑永年为年轻学者提供了指导和培训，以磨炼他们在这方面的技能。

无论是在新加坡还是在中国，我们的工作都不是试图决定政策或对既定政策发表评论的人。就新加坡而言，我们也不是向中国解释这座全球性城市。正如吴博士非常坚定指出的那样，在尽可能诠释"让世界读懂中国"这个任务上，绝不妥协。就新加坡的立场而言，这应该留给政府和其他机构中许多有资历和负责任的专家。

事实上，新加坡肩负这项任务的人很多，没有人比已故的总理导师李光耀做得更多。从他四十多年前第一次与毛泽东主席会面时起，我们就清楚地知道李光耀先生是如何生动而清晰地表达新加坡的立场的。张志贤先生[①]，很感谢您今天能和我们在一起。

---

① 张志贤，新加坡副总理兼国家安全统筹部部长。

我们知道您在向中国领导人解释新加坡方面做了很多工作。您的经验和见解将对我们很有帮助，因为我们将努力了解我们还可以做些什么，使中国更容易被新加坡人所理解。

没有一个机构能够在没有批判性审视的情况下蓬勃发展。它必须做好准备，以适应环境的变化。张志贤先生的到来鼓励我们，让我们觉得我们的工作是有价值的。更重要的是，他还为我们提供了一个机会，让我们知道了东亚研究所如何做得更好。在我们庆祝东亚研究所20岁生日的这一天，这确实是值得庆贺的。

目录

contents

第一部分　中国梦

第一章　中国人的自信从哪里来 _003

一、何谓"帝国"？何谓"民族国家"？_005

二、国际法与天朝的衰落 _009

三、中国的华丽转身 _013

四、东盟与中国的新战略 _018

第二章　恢复中华与《我的中国心》 _023

一、新的领导者 _025

二、后邓小平时代 _027

三、中国的突围 _030

四、我们是谁 _034

第三章　传统的断裂与重新联结 _038

一、受命于天的天下观 _039

二、回到传统的历史叙事 _050

三、"民族国家"的难题 _062

第四章　伟大的革命 _070

　　一、探索前行 _071

　　二、中国读书人的传统与转型 _081

第二部分　超越梦想

第五章　漫长的全球化历史 _097

　　一、从旧全球到新全球 _098

　　二、新全球化下的中国 _104

　　三、认识东南亚 _108

　　四、海洋帝国在亚太地区的扩张 _115

　　五、南洋与东盟 _118

第六章　中国的南方人 _125

　　一、来自北方 _128

　　二、充满活力的南方 _134

　　三、南中国海的未来 _141

参考书目 _147

索　　引 _162

第一部分 中国梦

第一章 中国人的自信从哪里来

1912年清朝灭亡。当时许多中国人认为伴随着满族人的统治结束，中国将再一次回归到汉人统治，重新回归正常轨道；但是，更多的人认为，清王朝的覆灭标志着千年帝制的终结，而取代它的是一个全新的开始——共和制。后者是令人兴奋和具有挑战性的新政体，尤其是青年人报以热烈的革命激情；但是，依然有少部分人，如同面对未知的黑暗，充满疑虑。陌生的共和制所带来的不确定性的确会使人踌躇不前，甚至会让人忧虑。因为，这意味着以依赖儒家社会为正统的中央集权国家的终结。在这样的历史框架内，儒家社会以及"承殷天命"等旧观念的阴影，都是共和制合法性的传统包袱，甚至"革命"的呼声也带有一种模棱两可的意味。共和制是对传统帝制的彻底改变，它承诺以一个更好的治理制度来取代失败的旧制度。在这样的背景下，如果青年人没有一定的使命感，中国可能最终屈服于另一个文明。

我在研读20世纪中国史时发现，这些不同的观点和相互矛盾的愿景，进一步激发了中国人从外界引进不同政治愿景的激情，在幅员辽阔的中国内部形成了更为紧张的局势。从腐朽衰败和麻木不仁的旧政权中跳脱出来了的自由氛围,也激发了不同的潜在愿景。有些人迅速对最激进的观点作出了回应,也有些人在研究所能得到一切新观念,并权衡再三,犹豫是否把新观念引介到国内。然而,中国的民众早已形成鼎沸之势,随时准备打破传统的牢笼。

我将在本书的后面几章中更多地谈一些宏观和综合性的问题。这些问题,在整个20世纪,一直困扰着中国。直到今天,中国在很多领域依旧未能彻底地走出历史的阴霾。在这一章,我会重点讨论这样一个观点:中国不会因衰落而倒下,而会以另一种政治形态和表现形式再次崛起。这种崛起是信仰的实践,从王朝更替到民族复兴,唤醒了中国人对自身悠久历史的关注,并鼓励那些熟知中国历史的人更具自信。尤其是,中国面临着这样两个问题:一是,两千多年前,秦朝统一中国后所建立的中央集权制是否会被现代的新制度所取代?二是,在历经几次衰败之后,中国传统政治制度能否为今天中国的再次崛起提供新的组织架构?

不同的革命者和他们的反对者们,都在试图录求这两个问题的答案。第二个问题留给那些别无选择的人,他们会回过头重新审视中国的历史典籍。当他们翻阅详细记载了中国几千年的历史典籍后,意识到中国在历经磨难之后依然能挺立于世,这让中国人变得更加自信。因为中国的历代王朝不仅会继承前朝的好的治理手段,而且还会汲取历史经验,不再重蹈覆辙,并且还会创生出新的治理方略。而王朝的领导人也不一定都是汉人,重要的是他们能以汉人的政治观念治理天下。更加重要的是,中国人每经历一段破坏性的分裂时期之后都会走向统一，这使得中国人始终相信：这个国家在经历衰落之后一定会再次崛起。这就是中国人所说的"分久必合，合久必分"，这个观念在中国的典籍中有着大量的历史实践证明。

我注意到，中国共产党的领导人在经历了动荡与磨难之后，看到了改革成功后的成果，也逐步开始重新审视中国的传统历史。如果中国人能关注到在经历了像被蒙古族人和后来的满族人征服的灾难之后再次崛起的能力，那么他们对未来会更加确信与坚定。我在几年前写的一篇文章中提到，秦始皇统一中国后，中国曾经历了三次衰败。汉朝灭亡后，经过几个世纪的分裂，中国在唐朝时期再次崛起。唐朝灭亡后，中国在宋朝时期再次崛起。中国被蒙古人的野蛮统治所压倒，之后的明朝时期则是中国的第三次崛起。出乎意料的是，中国在满族人的征服统治下，变得更加强大，疆域也更加了阔。现在，在经历了一百五十多年的国家衰落之后，中国人再次期待着第四次的崛起。

一、何谓"帝国"？何谓"民族国家"？

1912年中国的引领者意识到，清朝帝制的覆灭是与传统历史的决裂，这是中国数千年来从未有过的巨变。强大的历史传统被推翻，儒家道德基础遭到质疑，建立帝制国家的法家基础逐步被取代。新的领导人不再需要忠诚的儒家门生，他们希望通过革命建立一个效仿西方的现代国家。中国人在考察日本的君主立宪制之后，更进一步，彻底废除了君主制，取而代之的将是一个由各省选举出的代表组成的立宪政府。新的治理原则将借鉴那些一次又一次击败中国的西方帝国所使用的国家模式。众所周知，一场革命是不够的。中国国民党领导的民族主义革命在日本入侵后幸存下来，但在 1949 年输给了中国共产党领导的新民主主义革命。这可以说是中国第四次崛起的开端。

不幸的是，"十年动乱"几乎摧毁了刚刚迎来的胜利，直到中国政府的"改革开放"，中国的第四次崛起才能够再次启程。在过去的几十年里，中国取得了令人瞩目的成就，甚至连那些研究了中国大半辈子的学者也感到惊讶。我和其他人一样，对中国经济的快速增长感到不可思议，这是一个非常复杂的现象，涉及诸多问题。我在这里只从海洋视角来说明中国是如何从急剧衰落中崛起的。中国的再次崛起所采取的举措表明，中国人正在以创新的方式，试图与他们的过去重新建立联系。

审视 19 世纪以来中国的兴衰，我将特别关注西方大国以及东南亚地区在这一过程中所扮演的角色。东南亚地区曾为英法帝国提供了贸易殖民地，这些殖民地被用来打开中国市场，而英法帝国则获得最大化的商贸利益。从那时起，西方帝国迫使中国交出沿海资产，这也急剧加速了中国的衰落。但一个世纪后，也正是东南亚为中国提供了重新崛起的机会。我们常常将诸如"帝国"（Empire）和"民族"（Nation）之类的名词"我们常常对…之类的名词习以为常"，或者"对……之类的名词司空见惯"，将"帝国"视为过去，并希望是再也看不到的过去。很多人以为"民族国家"（Nation-state）是最理想的政治组织单位，其实这是误解。事实上，帝国有多种形式，但当民族国家在这一地区还是新生事物时，就不能排除在外。直到 18 世纪以后，这类国家甚至在欧洲也被认为是组织现代政治实体的最佳方式。

至于"帝国"这个词语可以追溯到神圣罗马帝国时代。当英国人和法国人使用它的时候,他们总是意识到它的拉丁起源。因此,神圣罗马帝国是现代帝国的典范,并且通常认为,从古代到现代,一直都有类似罗马帝国这样的帝国存在。比如在亚洲被广泛地应用于已经扩展了其疆域的大国,那些由汉人、蒙古人和莫卧儿人[①]建立的帝国被比作神圣罗马帝国。

在东南亚,像马六甲等政体也被称为帝国。事实上,具有帝国特征的国家大多位于大陆上,很少位于群岛国家。当然,人类历史上几乎没有可以和神圣罗马帝国相提并论的帝国存在。神圣罗马帝国是一个基督教神圣帝国,而中华帝国与其南方邻国的关系,主要是基于贸易和儒家信仰。各自的君主建立了各自的封建制度和个人纽带,通过"藩属"进行分封管辖,以确定是否应该表现出更多的尊重。这些封建国家也会不时地发生战争,从而改变其疆域边界。王权等级制度是通过各种朝贡贸易来调节的。

从16世纪开始,西欧帝国势力从大西洋扩展到太平洋和印度洋,不同类型的帝国开始出现。那些位于美洲的是殖民帝国,而亚洲国家则主要是为了贸易保护而建立帝国。在红海与乌鲁古群岛间的葡萄牙帝国,以及马来群岛的荷兰帝国,则根本不像神圣罗马帝国。他们不是占据领土,而是试图垄断海运贸易。他们希望通过控制港口和所有贸易活动及设施谋取利润。而西班牙对

[①] 莫卧儿王朝(Mughal Empire),突厥化的蒙古人,一说突厥人,帖木儿的后裔巴卑尔自今中亚南下攻入印度建立的一个伊斯兰教王朝。在帝国的全盛时期,领土几乎囊括整个印度次大陆,以及中亚的阿富汗等地。

菲律宾的控制与他们在拉丁美洲的殖民地相似，强调天主教的传播。然而，菲律宾与西班牙的距离太远，导致菲律宾政府把注意力集中在与中国和日本的商业贸易上。欧洲贸易的背后是传教事业，这与葡萄牙人、荷兰人没有什么区别。天主教会和基督教会的确会试图在任何可能的地方改变人们的信仰。贸易网络使他们走向富强，并在先进的航运技术支持下，全副武装的军舰在世界各地自由航行，这是现代全球化的开始。

这个全球性的海洋贸易比亚历山大更真实，而蒙古帝国和其他大型帝国都局限于非洲—欧亚大陆。海军重新定义了全球，而他们支持的新帝国让西欧走向了富裕。最终，英国发动了工业革命，进一步提高了控制世界的能力。荷兰、英国和法国的新财富直接引发了19世纪民族帝国的社会和政治变革。1648年，当时一批基督教国家共同签署的《威斯特伐利亚和约》(*The Peace of Westphalia*)[①]引入了主权概念，开始了和平进程。因此，"国家"演变为属于其境内居住的人们，他们拥有共同的语言和宗教信仰，并具有共同的历史社会群体。在拉丁美洲，建立了比西班牙帝国更强大的民族帝国。伦敦和阿姆斯特丹的商人通过其东印度公司为他们的帝国奠定了更坚实的基础。比如独立的荷兰起义建

---

① 《威斯特伐利亚和约》签约方分别是统治西班牙王国、神圣罗马帝国、奥地利大公国的哈布斯堡王朝和法兰西王国的波旁王朝、瑞典王国以及帝国境内勃兰登堡、萨克森公国、巴伐利亚公国等诸侯国。政治学者一般将该条约的签订视为民族国家的开始。随着《威斯特伐利亚条约》的签订，条约体系逐渐成为欧洲国家之间的主要国际交流体系；同时，殖民体系成为欧洲国家在与其他弱小部族交往时的主导体系。

立了第一个民族国家①。

英国在经历了拿破仑时代的法国后变得更加强大。在大西洋彼岸,那里的英国人反抗他们的国王,建立了美利坚合众国:他们的联邦由十三个殖民地组成,这是一个由殖民者和移民者组成的非常独特的民族国家。这些民族帝国发展出了一套新的法律体系,用以指导欧洲和基督教王国以及民族国家之间的国际事务。一些以"东方君主"(Oriental Potentates)为首的封建帝国通常不包括在该法律涵盖的文明实体之内,尽管该制度最终承认了封建奥斯曼土耳其帝国(Ottoman Turkic Empire)和沙皇俄国帝国(Tsarist Russian Empire),以及后来的莫卧儿帝国(Mughal Empire)和中华帝国(Chinese Empire)。早期的国际法文本表明,《威斯特伐利亚和约》是用来确定某些国家是否可以被视为文明国家并值得纳入国际体系。显然,比如东南亚的国家,一旦成为欧洲帝国的一部分,便不适用了。

二、国际法与天朝的衰落

当民族帝国(National Empires)在争夺殖民地的竞争中成为大国时,就形成了界定帝国主义时代的意识形态。这种意识形态为西方帝国占领殖民地提供了一切所谓的正当理由。就中国而言,在西方帝国成功地利用其在东南亚的殖民地,挑战其朝贡体系

---

① 荷兰独立战争,是尼德兰联邦清教徒反抗西班牙帝国统治时展开。1648年,尼德兰联邦正式从西班牙帝国独立出来,建立起"荷兰共和国"。荷兰共和国与西班牙帝国经历了八十年战争,对后来的英国内战和美国独立,也都产生了重要影响。

（Tributary trading system）之后①，当时的清朝迅速衰落。当英国海军以保障自由贸易的名义在中国沿海取得胜利之后，中国的衰落是不可避免的。

当时，亚洲大部分地区是欧洲的殖民地（European Colonies）或被保护国（Protectorates）。当地的那些所谓的独裁国家，逐渐意识到现代国家制度才是欧洲成功的基础。但当亚洲的这些国家都尚且不知道如何建设现代国家制度时，日本率先出色地应对了这一挑战。日本人目睹了昔日强大的邻国——中国如何在"鸦片战争"中被英国用坚船利炮摧毁国防：中国被迫开放上海等通商口岸、割让香港、签订关税协定等，并最终打开了北京的大门。日本人也为此深深地感受到了来自西方帝国的直接威胁。

日本鉴于中国的失败，总结出了他们认为国家图存至关重要的两个要素：一个是民族帝国是建立在强大的海军力量基础之上，另一个是西方国际法早已摧毁并废弃了中国长期以来的朝贡体系。当时世界上最强大的海军是英国海军，其次是法国海军，正是英法联军所代表的条约体系取代了朝贡体系。而日本作为一个岛国，对海洋事务本身具有很强的敏感性，于是开始通过派遣优秀的年轻人到英国学习，从而着手建立自己的海军力量。日本比亚洲其他国家看得更为深刻：正是民族国家建立了那些强大的民族帝国。日本比亚洲任何其他国家也都更为果决，他们以明治

---

① 朝贡体系、条约体系、殖民体系，是世界主要国际关系模式。在朝贡体系影响下，东亚地区逐渐形成一个以汉字、儒家为核心的东亚文化圈。文化圈内，强调文化上的华夷之辨。

天皇统治下的新日本政府取代了德川幕府，并很快转向欧洲模式①，即我们通常说的"脱亚入欧"，效仿依靠强大海军为代表的英国以及以精良陆军为代表的俾斯麦德国。日本看到了资本殖民是如何使得西方帝国控制全球市场和自然资源的，从而决心建立一个类似国家。

日本有系统地向西方学习，也许最聪明的是他们学会了用国际法来维护扩张的"合法化"。日本长期以来生活在充满形式主义的中国朝贡体系的阴影之下，尽管这一制度并不具有侵略性，但日本对中华帝国的"天朝上国"姿态充满了憎恨。幸运的是，由于日本是一个岛国（island-state），而中国是一个具有大陆意识（continental-minded）的国家，实质上日本一直在中国的统辖之外。日本虽然没有挑战中国的能力，但始终坚持宣称与中国平等。尤其是当他们看到古老的中国朝贡体系被国际法边缘化时，这种观念更加强烈。当日本看到亨利·惠顿（Henry Wheaton）的《万国公法》（*Elements of International Law*）被翻译成中文时②非常重视。依据《万国公法》可以判断一个国家是否是主权国家，于是日本用它来宣称琉球（Ryukyu）王国是日本的一部分。因为日本知道，虽然中国历来将琉球视为其朝贡的附属国，但琉球同时也向日本纳贡。

---

① 1868年，日本通过明治维新，"脱亚入欧"。
② 《万国公法》由美国人亨利·惠顿撰，美国传教士丁韪良译，于1864年由京师同文馆刊行，是首部汉译国际法著作。《万国公法》分释义明源、论诸国自然之权、论平时往来、论交战等四卷。除讲解国际间和战及外交惯例外，突出宣扬殖民思想，认为弱小国家应作为西方帝国的保护国。

1874年，日本对中国的朝贡体系主张提出质疑。例如，当台湾原住民排湾族（Paiwan）[①]在台湾东海岸杀害54名琉球水兵时，日本向清政府寻求赔偿，并要求对这些原住民进行惩罚。清政府坚称这些水兵是琉球人而不是日本人，并以台湾原住民不是中国人为由拒绝对他们进行惩罚。这使得日本借此派遣军队攻击并杀害了很多台湾原住民[②]。此外，日本利用该国际法质疑随后的谈判[③]，不但坚称"合法"地将琉球纳入日本帝国，还质疑中国在台湾的管辖权。这也为日本在1894年打败清政府时[④]妄图将台湾纳入日本帝国铺平了道路。这一历史事件表明，这是一个亚洲小国（日本）第一次利用国际法体系来对抗一个没有理解该体系之重要性的亚洲大国（中国），并取得了胜利。

　　1684年，清政府决定在台湾设一府三县，并明谕台湾隶属福建省管辖；1887年，台湾道升格为省，脱离福建省，分省而治。但由于清政府对外宣称，对台湾原住民的行为不承担任何责任。由此，实质上中国对台湾的主权仍然是轻视的。这一历史经验让中国人意识到，像《万国公法》这样的新国际体系[⑤]是如何取代

---

　　① 排湾族，台湾高山族的第三大少数民族，早期日本学者将排湾、鲁凯、卑南地缘相近的三族合称为"排湾群"，后来才区分为三族。
　　② 1874年初，日本以台湾居民于1871年杀害琉球渔民为借口，派遣陆军入侵台湾。日军在台湾琅峤湾登陆后，烧杀掳掠。
　　③ 日本政府于1874年10月31日同清政府签订《日清两国间互换条款及互换凭章》，又称《北京专约》。
　　④ Sino-Japanese War，1894中日甲午战争。
　　⑤ 条约体系。

中国所维护的旧体系的①。但当应对这国际法所带来的变化与冲击时，清政府却反应迟缓。日本也看到了西方对越南、缅甸等被中国视为朝贡体系下的附属国所做的一切，同时也看到了自己在朝鲜半岛上对外扩张的机会。朝鲜向中国纳贡，但这并不表示朝鲜是中国疆域的一部分。因此，根据国际法，日本坚持宣称朝鲜应被视作主权国家。此后，朝鲜在英国、日本的劝说下，与英日两国签订了贸易条约。伴随这些条约的签署，同时表示中国不再为朝鲜提供庇护。这为日本在几年后侵入朝鲜铺平了道路②。中国最终得到的历史教训是：必须慎重对待自身没有参与制定的国际法，尤其是在这些国际法明显违背自身利益的情况下③。后来的历史实践也表明，从此中国的领导人对于国际法，始终保持着高度审视的态度。

三、中国的华丽转身

中国的急剧衰落可以归结为缺乏海军力量，以及没有理解在国际法中，清政府被归类为满清帝国（Manchu Empire）所带来的隐患。因此，野蛮的西方帝国可以把它像奥斯曼帝国（Ottoman Empire）、奥匈帝国（Austro-Hungarian Empire）、莫卧儿帝国（Mughal

---

① 朝贡体系。
② 1876年，日本迫使朝鲜签订不平等的江华条约。江华岛事件是近代日本侵略朝鲜的开端。
③ 1871年，清朝政府与日本签订《中日修好条规》，朝贡体系开始破裂。随着中法战争和中日甲午战争爆发后《中法新约》和《马关条约》的签订，朝贡体系内最后的成员越南和朝鲜脱离这一体系，朝贡体系彻底崩溃。

Empire）等封建帝国那样，肢解成几个民族国家。清政府未能认识到世界的变化，这给中国带来了巨大的损失。中国近代汉人资本家（Han Chinese Entrepreneurs）发现，在中国港口的西方资本企业，大多数都是英国、法国的贸易公司，以及他们的代理商行。而这些西方资本企业所做的事，如同他们在印度和中南半岛所做的那样，毫无本质区别。清朝末年的中国，只不过是一个半殖民地而已。

在像孙逸仙（孙中山，号逸仙）和其他南方汉人的眼中，满族统治竟是如此弱小，他们惊喜地看到中国各省纷纷宣布脱离清政府，宣布独立。很快清政府就发布退位诏书，政权让位于中华民国。清政府的终结，在摧枯拉朽的革命风暴中显得如此不堪一击。而对于大多数的中国人来说，接受一个以法国和美国为原型的共和国政体，是那么的出人意料、非同寻常。虽然革命者们一致同意，以总统制（Presidential System）取代君主制（Dynastic System），其实他们自身也很难理解这对历史而言意味着什么。1912 年之后的中国，是长达二十多年的军阀混战时期。这种军阀割据的社会局面，使得中国陷入了严重的分裂，以致中国连年积贫积弱。

一些经济学家统计后指出，到了 1800 年，清朝处于鼎盛时期，中国的财富约占世界财富的三分之一。这也许被夸大了，但误差不会很大。到 19 世纪末，这一比例已降至 10% 以下。到了 20 世纪第二个十年，中国经济进一步下滑。孙中山领导的中国国民党总结了多次革命失败的惨痛经验后，与列宁、共产国际派出的代表会谈，同意邀请新组建的中国共产党加入该党，并对国民党进行改组。在苏联的军事帮助下，代表民族主义者的中国国民党最终战胜了国内主要军阀，但与此同时，也引发了更为激烈的国共内战。

在那段时间里，日本正在紧锣密鼓地扩张他们的民族帝国。国家概念（concept of nation）正在被广泛接纳，亚洲各国的领导人都怀着钦佩的心情目睹日本建立的帝国。直到1930年，日本已经拥有一个占领亚洲大陆部分地区的庞大帝国，这对未来意味着什么？日本继侵占朝鲜和中国东北之后，相继控制了中国山东省，并逐步蚕食中国内蒙古和华北地区。日本的资本主义经济也正向中国其他地区蔓延渗透，由此妄图进一步控制中国。正是在那时，蒋介石的国民政府决定抗击日本。国民政府虽然历经十年内战，但还是没能够统一中国。当时的中国至少有三个主要军事群体：国民党领导的军队，中国共产党领导的军队，以及中国各地的军阀残余。尽管有许多中国人呼吁民族团结，但当时这三个群体始终无法有效地合作并以此对付侵略者——日本。

从1937年开始的八年抗日战争中[①]，日本显然处于军事优势地位。日本除侵占朝鲜半岛、中国台湾岛，以及通过伪政权控制的"满洲国"外，还在中国的东部地区扶植傀儡政权，比如在南京扶植的汪精卫傀儡政府。苏联把外蒙古侵蚀为其附属国之后，日本也一直活跃在中国内蒙古地区，企图侵占并建立傀儡政府。当时的中国，几乎有一多半的领土沦陷敌手。

---

① 尊重作者原意。事实上，抗战时间从1931年9月18日"九一八"事变开始算起，至1945年结束，共十四年抗战。

罗斯福总统认为，是日本把美国卷入了战争而拯救了中国。罗斯福还认为，日本侵略中国是不义的，同时他也并不希望日本帝国主义独吞中国的一切。他对帝国主义持怀疑态度，认为这个时代应该终结民族帝国的存在。1941年日本对珍珠港的偷袭，提供了把美国带入第二次世界大战的契机。尽管美国参战的初心、目的并不是为拯救中国，但美国意识到中国在亚洲大陆上牵制了大批日军，这使得美国更容易集中精力在海上与日本作战。美国凭借世界上最强大的海军，最终得以在太平洋打败日本。

因此，中国熬过了八年抗日战争，国民政府首都回到了南京，但无法统辖中国的大部分农村地区。由此，蒋介石发动了一场反对共产党的内战。我在南京念大学时①，当得知国民党的军队军力有多么软弱时，我真的感到非常惊讶。在苏联的军事帮助下，中国共产党在东北获得了精良武装。直到1948年年底，中国人民解放军解放了华北大部地区，几个月后，解放了中国大部地区。值得注意的是，中国人民解放军没有任何战舰，但依然能够在战场上获得全胜。

自1949年以来，中国碍于所处的国内外复杂局势，进一步把战略转向广袤的中西部；而之后的改革开放，战略情形则发生了惊天逆转：中国转身望向大海。

在经历磨难之后，中国主动打开了国门。1978年之后的

---

① 1947年，王赓武考入南京中央大学文学系，即后来的东南大学前身。

三十年，我尚不能完全理解那个时代的一切。但是，中国把海洋视作经济发展的门户，有越来越多的港口向全球市场开放。中国恰当地借鉴了资本主义的市场方法，开创了中国特色社会主义经济，并通过对外开放和工业现代化，重建中央集权与民主政治，以确保最终的目标仍然是实现社会主义。

中国借鉴资本主义增长的轨迹，特别是日本和亚洲四小龙（中国香港，新加坡，韩国，中国台湾）的发展模式，并利用海洋运输，获取制造业产品和进口所需的原材料。反观当前，这些地区都在学习中国内地是如何再次崛起的。我之前提到过，其实早在一个世纪前，中国还处于急速衰落的困境中。那时的中国，犯了两个严重的错误，一个是涉及海军力量，另一个是涉及国际法政治。从那时起，中国就积极采取补救措施：建立一支现代化的海军，建立并完善国际体系的法律和制度。

冷战期间，中国鉴于风云变幻的国际局势，以"一边倒"政策作为走向大国外交的第一步，专注于国际事务中的意识形态问题，但这阻碍了中国的经济发展。待国际局势缓和之后，中国不仅重返联合国，并在与国际社会打交道时以"和平共处五项原则"作为外交手段。这样，中国通过遵守国际规则和国际组织，来努力提升国际形象。

然而，建立一支强有力的现代化海军却绝非易事。这需要大量的经济资源。直到 20 世纪 90 年代，经济得到迅速增长之后，中国才开始建立这样一支海军。中国从乌克兰购买了一艘二手航空母舰，当时很多人觉得这很可笑。苏联时期建造的航空母舰留给了乌克兰，乌克兰却把它卖给了中国。而中国用它来学习如何建造航母，以及如何建设航母编队。虽然这是一种简化的过渡手段，但可以看得出，中国已经开始认真考虑如何将海军力量投射到沿海以外。

中国很早就知道它需要一支现代化的海军，但缺乏发展海军的资源。当中国人民解放军战胜国民党军队时，他们没有一艘军舰。当其将领们在必须横渡长江解放南京和上海时，就开始考虑组建海军。而当他们试图建立自己的海军时，只有他们的盟友苏联能帮助他们。可惜的是，苏联也没有太多的海军传统。所以中国不得不自力更生，在奋斗中创造奇迹。

现在可以看到中国的海军力量正在崛起。中国人知道，要想与美国人匹敌，他们还有很长的路要走。西方媒体却在鼓吹这支海军是如何试图威胁或征服世界，这简直是危言耸听和夸大其词。如今美国军舰频频闯入中国海域，挑战中国的底线，而中国海军却无法做到这一点。然而，中国能做的是拒他国海军于国门之外。中国建造了潜艇、驱逐舰，并拥有洲际导弹，因此捍卫自身免受他国海军攻击。但中国真正想要的是捍卫海洋领土和海洋权益，维护自身市场经济的繁荣与稳定。

四、东盟与中国的新战略

现在让我们把目光转回到东南亚。大多数人没有意识到该地区对中国有多重要，尤其是在该地区去殖民化和民族国家建立之后。若非如此，帝国列强在该地区的控制力仍将存在。非殖民化意味着现在外国势力无法主宰该地区，中国人当然希望这种状况能够持续下去。非殖民化消除了对中国海岸的各种海上威胁，并将其进一步往外延伸。随着冷战的结束,中国能够重新开始同周边更多的国家打交道。中国还不知道如何做好这一点,因为这是一个新的战略环境。与旧的朝贡体系完全不同,而且这个地区也不可能希望旧的体系重来。这些国家现在正在寻求一个通过遵守国际法来运作的新国际体系。自 20 世纪 90 年代以来,东南亚的十个国家①一直在努力发展一个利益共同体。中国知道必须学会慎重地对待这个"东南亚国家联盟"(Southeast Asian Nations,ASEAN,简称"东盟")。

与此同时,也发生了一些出乎意料的事情,即中国和印度的经济崛起。几乎没有人预料到他们的崛起会来得这么快。况且,在日本经济实力依然强大的局势下,亚洲正迈向一个历史发展的新阶段。有迹象表明,经济活力的中心将从北大西洋转移到印度—太平洋。在这里,我使用历史上的"印度—太平洋"一词,而不是"亚太",不仅仅是因为更大的地区都在致力于全球市场经济,更是为了提醒我们:和平贸易是千百年来国家间关系的特点。这也是曾经与中国"朝贡体系"贸易的繁荣准则。既然中国人认识到了海洋经济的重要性,他们知道,他们未来的经济发展将有赖于保持海洋开放。在这种背景下,东南亚的地位确实将变得与众不同。东南亚的地位,不仅是两大洋之间的通道,而且对每个周边国家而言,也是新的战略调整中心。

我早些时候提到,中国需要一支强有力的海军来捍卫他们在

---

① 文莱、柬埔寨、印度尼西亚、老挝、马来西亚、缅甸、菲律宾、新加坡、泰国、越南。

海上获得资源和市场的权利。中国领导人还必须掌握错综复杂的国际法律体系。他们深知世界秩序是如何作为一个基于法治的运作体系,并意识到也必须掌握在这片土地上通行的最佳方式。在这里,中国南海是一个至关重要的考验。中国商人和渔民早就知道,海洋对他们获取利益至关重要,同时也知道海洋对越南、菲律宾、马来西亚以及柬埔寨、泰国也同样重要。但国界地图上没有达成一致的划界——直到20世纪70年代国际法才开始涵盖中国南海。

正是通过《联合国海洋法公约》(*United Nations Convention on the Law of the Seas*,1994年生效)达成了一项关于明确各国在海洋利用方面的权利和责任的条约。这是一个非常复杂的问题,因为涉及的许多问题都是新的。1973年,中国出席联合国海洋法公约会议时,他们对联合国还是陌生的[①],于是非常谨慎。在中国不确定新协议将如何适用时,选择同意搁置所有有关主权要求的问题。这样做,当时中国认为自己的立场是安全的,未来不会出现新的问题。

以欧洲《威斯特伐利亚合约》为基础的主权概念对亚洲来说是陌生的。即使在欧洲,其含义有时也有争议。今天的民族国家,尤其是新的民族国家,一直将主权视为神圣的存在。但根据《威斯特伐利亚合约》的界定,主权的概念需要重新审视。直到19世纪,国际法才使得主权成为可以通过法律来检验。就亚洲而言,直到1945年联合国成立和非殖民化背景下,主权才成为各国证

---

① 中华人民共和国于1972年10月重返联合国。

明其殖民后边界的合法性。但仍有一些问题存在分歧，例如，国际法应如何适用于海洋。

随着争论的继续，这项工作仍在艰难进行中。中国对此有异议，因为在中国历史上，从未想过永久性的主权边界，当然也从未遇到过类似国际法的问题。如前所述，中国显得如此无辜，以至于日本能够对国际法作出有利于日本的解释，从而给当时的清政府带来了时至今日仍有现实意义的问题。我不完全了解国际法如何处理海洋主权要求，这是一个非常复杂的问题，国际法律专家仍在争论。这并不意味着看不到解决方案，但这确实表明国际法中有一些领域是不明确的。中国的历史传统有一个很难解释的特征，即认为法律是人为的。当法律使用者发现它是一个障碍或不再适用时，可以进行修订。当这种情况发生时，法律使用者会寻求改变法律。法律在中国人眼中没有那么的神圣。

然而，在欧洲，传统则是不同的。国际法最初是在基督教王国和帝国之间发展起来的，其基础与中国的原则相反。当时有一个潜在的假设，即法律协议是对上帝负责的。因此，法治背后还有道德和神圣信仰的支撑。应对适用国际法时，中国看不到神圣信仰或道德的后盾支撑。所以，当欧洲将自己的国际法适用于中国时，中国一直保持着敏感和怀疑。

我将在下一章讨论法治问题。这里我只想指出，为什么中国人认为，理性的人总是可以推翻那些不再有用的法律，并制定出新的法律，以适应不断变化的条件。理解上的差异导致了充满隔阂的关系。这种隔阂可能还会在一段时间内继续存在。例如，在中国南海问题上的分歧，是该地区的不幸。该海域毗邻东盟十个成员国中的八个,并与中国南部沿海接壤,所有有关各方都必须真诚地进行协商谈判。

　　这就把我们带回到了中国的崛起。这显然不同于前三次中国衰落后再次崛起,这一次世界发生了根本性的变化。中国的第四次崛起与全球市场经济的海洋性密切相关,同时,当今世界秩序是建立在主权平等的国家之上。东南亚已经成为东盟作为中国战略邻邦的地区性角色,只要世界聚焦于印度—太平洋,东南亚就将发挥核心作用。东盟成员国的所作所为已经受到密切关注。随着该组织成为聚光灯下的焦点,他如何在内部建立必要的信任,使他总是以一个声音说话,这一点从未变得像今天这般重要。

　　这个崛起中的中国,对与东盟的合作非常关切,并且似乎正在做出了相应的规划。这是一个清楚的例子,表明人们意识到这个世界和过去完全不同了。这也可以从中国所倡议的"一带一路"(Belt and Road)和"新丝绸之路"(New Silk Roads)等对中国未来发展至关重要的举措中看出,世界经济中心正在向这一地区转移,这个重新调整的过程,对世界而言意味着什么。中国意识到,其三分之二的边界是陆地、三分之一的边界是海岸。因此,这些雄心勃勃的项目可以让中国重新履行其在陆地和海洋上的承诺。中国如何在与中亚大陆的邻国、与西太平洋—印度洋海洋邻国的关系之间取得平衡,对中国的第四次崛起将是一场真正的大考验。

第二章　恢复中华与《我的中国心》

在做了几十年的中国历史研究之后,我注意到有些事情会一次又一次地再现,"中国梦"就是其中之一。当我在英属马来亚长大时,有人告诉我孙中山的梦想。孙中山于1894年创立旨在复兴中华的"兴中会"①。我还记得父亲向我解释过,孙中山的梦想可以追溯到更遥远的中国历史。那是来自明朝的忠臣,他们组织秘密社团,驱逐满族人,希望这个国家恢复到汉族的统治之下。他还认为,"兴中会"是响应了明朝开国皇帝朱元璋的号召,即14世纪汉族人驱逐了蒙古族人。

从那以后,我把每一个中国梦都视为与复兴中华有关。然而,通过研究过去的几年,我理解了为什么复兴的中国在世界事务中,一定会扮演着与有着古老根基的现代经济力量相称的角色。人们迫切希望看到,中国的未来成为一个处于不断演变的世界秩序中的现代国家。同时,人们倾向于将中国的未来与

---

① 兴中会(Revive China Society),中国近代第一个民主革命团体,宗旨是"驱除鞑虏,恢复中华",创立合众政府。

一些历史的延续联系起来，这些延续为中国提供了适应力、韧性和智慧。中国梦的核心，似乎始于 1949 年 10 月 1 日毛泽东在天安门向全国发表讲话时，喊出了所有中国人的心声："中国人民从此站立起来了！"新生的中国推翻了腐败的旧政权，新中国在地平线向全世界招手。1948 年末，我回到马来亚后，再也没有听到中国梦的新消息。几年后，我读到"大跃进""文化大革命"等相关资料后，也许这是一个革命永无止境的新梦，但我从未见过任何人相信这样的梦会实现。我身处国外，却经常遇到仍然满怀希望地梦想着中国未来的中国人。在东南亚、澳大利亚或北美的海外华人中，他们的梦想，大多都是一个和平繁荣的中国。

在中国实施改革开放刚开始不久，我就被一些人又开始谈论中国梦的事实所感动了，梦的钟摆似乎向后摆了一点，这一次是脚踏实地，或者用当时广泛流行的话语来说，是"摸着石头过河"，这想必是比较务实和中肯的。一些中国人梦想着尽可能多地向世界发达经济体学习，但他们强调的是耐心和谦虚。也有一些中国人，希望能走出中国，离开中国，去国外谋求新的生活。邓小平的改革做出了非凡的贡献，这些改革发生在冷战扭转之际。对中国人民来说，是一个革命热情冷却的时期，也是一个不懈奋进的时期，其成果是令人惊叹的。邓小平时代没有高谈阔论希望和梦想，而是为中国提供了至少两个世纪以来最具建设性和最富创造力的岁月。那时的中国人，对国家寄予厚望，尤其是在香港。

正是在 20 世纪 80 年代末，我听过《我的中国心》的普通话版，也听过广受欢迎的粤语版。这首歌是由黄霑填词①，最后几行写道："长江、长城、黄山、黄河，在我胸中重千斤 / 不论何时，不论何地，心中一样亲 / 流在心里的血，澎湃着中华的声音 / 就算身在他乡也改变不了，我的中国心。"不禁让我想起了孙中山"恢复中华"的号召。对于那些正从匮乏、恐惧和不安中走过来的中国人来说，这是梦想的另一个开端。今天，中国的领导者已经超越了孙中山"恢复中华"的梦想，他们不仅有着民族复兴的自豪感，而且致力于在全球发挥更大的影响力。从为歌颂中国梦而创作的新歌数量来看，似乎大多数中国人都有共同的梦想。如今，中国发展的态度，显然致力于将未来中国的天下视野与中国悠久的历史联系起来。特别是，寻找历史经验，帮助中国继续向前迈进。

一、新的领导者

在走过毛泽东时代和邓小平时代后，中国共产党开始对过去的几十年进行了反思和总结。中国人开始思考，邓小平时代从毛泽东时代所继承的历史经验，以及中国是如何在艰难险阻中成功地走出了历史的困境。尤其是，中国在经历了坚持不懈的反腐运动、经济结构的不断优化调整、中国出口导向政策的转变之后，中国的经济崛起吸引了全世界的目光。

中国人民解放军也在"听党指挥是灵魂，能打胜仗是核心"

---

① 黄霑（James J.S.Wong，1941—2004），香港著名作家、词曲家，与金庸、倪匡、蔡澜一起被称为"香港四大才子"。

的精神指引下，切实维护了日益增长的国家利益。中国人民解放军不仅着眼于专业化和军事能力的提高，而且摒弃了对权力的贪婪和野心。年轻的军官们重新学习革命精神，对中国共产党信心坚定。令人震撼的是，中国梦是要求每一个中国人在汲取历史教训的同时，推动革新与进步。

中国希望要与历史接轨的意识，似乎已成为推动进一步深化改革的主基调。我认为，对毛泽东时代的恐惧是错误的，毛泽东是一个颠覆传统的革命者，他不是民粹主义激进分子，而是一个为建立中华人民共和国而进行革命的领导人。毛泽东是领导中国革命的灵魂人物。早在江西苏维埃政权失利而被迫长征，在中国共产党的危机时刻，他曾力挽狂澜。在长征中，他巩固和改组了中国共产党，之后又领导抗日游击战争。在1942年，中国共产党在延安的整风运动①，确立了在毛泽东思想基础上的团结统一，这极大地激发了中国人对革命的激情。

中国人历来有继承和弘扬国家缔造者的开创精神。如今，中国提出了更为务实的新目标——"一带一路"倡议。"一带一路"倡议依托国际大通道，打造新亚欧大陆桥、中国—中亚—西亚等国际经济合作走廊，并以港口为重点，推进全球进一步合作。就中国在世界秩序中的地位而言，中国这一实事求是的发展策略，并不只是为了在将来取代美国成为世界强国，中国是务实的。如今中国的领导者大多是务实的，不是机会主义者。他们承受来自

---

① 整风运动，即反对主观主义以整顿学风，反对宗派主义以整顿党风，反对党八股以整顿文风。

世界和历史的严峻挑战，并仍然在开创和改革的道路上探索前行。

时至今日，中国的领导者更加"专注于"为人民谋福祉，并在稳定有序的社会机制中，不断砥砺前行。在追求更强大的民族凝聚力上，中国的领导者不仅得到了马克思主义的启发，更是在建立强大的经济基础之后，超越资本主义，走出了中国特色。中国人认为中华民族伟大的文化价值，对这个时代极具借鉴意义。值得注意的是，中国人的这些价值观的核心，始终相信中国需要更有力和负责任的领导者。中国需要能够给人民生活带来秩序和繁荣的领导人。

二、后邓小平时代

中国新一代的领导者得益于邓小平时代的远见卓识，并承诺要超越迄今取得的改革成就。但是，中国同时也面临着另一个历史任务，如何让中国共产党成为世界上最成功的政党。从河北到福建，从浙江到上海，中国领导人有着雄心勃勃的正能量，同时也必须要面对官员腐败的考验。腐败，对一个政府而言，是一个极度危险的信号。

中国这一代的领导者，既看到了上一代领导者在面临这些严峻考验时的不妥协，也看到一小撮高级官员的专横和腐败。这些社会政治现象考验新一代的领导者。很多人开始困惑，开始思考，一个刚刚改革卓有成效的社会主义国家，怎么会这么快被利己主义和贪婪所侵蚀。逐渐地，中国的领导者意识到，大多是源于有些官员不作为而滋生腐败。众所周知，反腐工作困难重重，但一切伸张正义的反腐措施，赢得了广大民众的支持。可是潜藏的困扰依然无处不在。中国的领导者，在进行反腐的同时，也意识到经济结构必须调整，在坚持与全球市场合作的政策下，不断纠正、调整、优化对国有企业的过分依赖。

除此之外，中国如果仅仅寄望于一个纪律严明的政党来赢得人民的信任，这可能还不够。中国认为，能找到的唯一解决办法，是寄望于权力核心中培养新的继任者。这些如果仅仅在短暂而有限的任期内，显然是办不到的。中国切实希望能够坚持不懈地改革开放，以保持良好的发展势头。但有限的领导人任期会极大影响改革的延续性。现在，中国已妥善解决这一问题，这将使中国有从容的时间实现中国梦。与此同时，中国人民解放军的现代化改革以及对中国共产党和人民的忠诚，也更好地确保了对中国梦的追求。当前，中国青年一代，也不断以严明的纪律投身改革浪潮，而非袖手旁观，都在为共同实现中国梦而努力奋斗。

这一代的中国领导者，始终强调中国特色是社会主义的核心，并要求未来的中国应该体现中国过去的成功，且把这种精神移植到中国特色社会主义上。在吸取毛泽东时代、邓小平时代的历史经验后，也意识到了像孙中山这样的早期革命领导人的历史贡献，以及那些为中国构建现代工业和技术强国的科学家、工程师们的贡献。不过，目前尚不清楚，这一代的中国领导者，是如何看待那些为中国几千年的强盛所努力过的儒家文人。

但是，中国也确实意识到，儒家文人所编撰的正史是记录国家合法性的重要依据，这些历史记载提供了一个历史框架。通过这个框架，儒家经典文本中所蕴含的政治理想，可以不断得到提炼和重新诠释。就外界而言，一个多世纪以来，重大历史事件并非一直在中国的控制之下。直到近代，中国人才学会对世界事务中的意外变化做出快速反应。在毛泽东时代，中国曾寄希望于通过积极参与冷战来影响全球事务，其效果远没有其设想中那么顺畅，甚至适得其反。到了邓小平时代，中国意识到，倘若在没有强大的国家军事防御以及安全有效的经济发展前提下，在世界事务中是难以展现应有的作用，中国开始耐心地采取观望态度。

近年来，全球不断出现新生的力量在影响国际事务，这是任何人都没有预料到的。例如，冷战结束后，在中东和东欧出现了以美国为首的军事行动和军事扩张，以及在全球化的思潮和经济推动中显露的民粹主义势头。这些因素，在当今国际事务中造成了越来越大的不确定性。这些力量也导致了印度—太平洋地区的重大变化。这一代的中国领导者认为，中国有能力积极地捍卫自己的利益，同时也应该发挥更大的作用。中国在应对和处理不确定因素时，期待进一步的变化，但必须确保国内的和平与稳定。中国历史告诉我们，中国人始终有居安思危的忧患意识，始终在努力化解"内忧外患"带来的困扰。

中国现在是一个充满活力的国家，民众对中国共产党和党的领导人给予了更高期望。至于对强有力的领导的信念，中国已经采取措施，革新政党，以适应受过更好的现代教育的人民。中国还寄望于建立更多的平台，让世界人民分享中国梦。亚洲基础设施投资银行（Asian Infrastructure Investment Bank，简称"亚投行"）就是这样一个将梦想付诸实践的典型。"一带一路"倡议（Tne Belt and Road）似乎也是一个宏伟的战略实践。自辛亥革命以来，大多数中国人都在寻找有足够影响力的治理者。尽管孙中山希望中国走向民主，但是他所组建的革命党需要一位拥有至高无上权力的强大领导人。在俄国十月革命胜利后，孙中山求助苏维埃顾问，试图建立一支革命军，并迈出了建立政党国家的第一步。对中国来说，历史的教训不是民主主义革命失败了，而是孙中山没有培养出强有力的接班人来实现中国革命的宏伟计划。当初的中国国民党在内部分化成了几个对立的利益集团，即使面对日本的侵略也无法团结起来。掌握政权的军事领导人蒋介石，根本没有良好的政治技巧和远见来激励他的党内同僚。

中国与世界历史有着重要的联系。中国曾试图引进民族主义来建立共和国，也试图引进苏维埃社会主义来建设"中华苏维埃共和国"，又借鉴资本主义方法来发展经济，以及随之而来的更多理念。这些都与中国自己的传统一道，为国家的复兴做出了贡献，使得中国的革命经历与众不同。在这种历史大背景下，中国迅速积聚力量，这是令世人震惊的。中国也必须意识到，如此迅速的经济增长，可能同样会埋下迅速损失的隐患。因此，中国需要更加谨慎地完成发展的计划：这些计划必须在每个阶段得到巩固。实际上，中国已经概述了未来 10 年、20 年甚至 30 年的发展目标。这些目标必须在世界比以往任何时候变化更快、后果难以预测的时候实现。既然描绘了这样一个未来，中国自然不能假设一切都会顺利进行。所以，现在的中国比任何历史时期都需要一个强有力的引路人。

三、中国的突围

中国共产党认为，对于这么大的国家来说，中央集权是必要的，因为面临国内地区不平衡等结构性问题和国际政治的复杂和不确定性。美国和西欧的自由主义主导的意识形态的衰落，以及霸权主义的回归可能并非是巧合。当前，经过几十年的民主进步，人们对自由主义的有效性似乎不再那么有信心，而回归保护主义的呼声越来越高。此外，潜在的经济活力也开始转移，逐渐远离北大西洋，以及美国人在总统选举中放弃其自由传统，也加剧了这一不确定性。

因此，中国发展模式为世界提供了一种新的选择。尤其是那些认为自由民主令人厌烦的发展中国家，更希望看到中国模式。很显然，中国并没有宣称其是自由主义模式的替代者，但中国显然很清楚自己需要什么样的现代化，以及哪些领域应该具有高度优先地位。因为中国深知科学技术和经济多样化是重中之重，并对此充满信心。这一切都明确显示出，中国不会选择自由主义。与此同时，中国人开始自觉地回顾自身的历史，拨开历史的尘雾以期从中获得灵感和精神的支持。这样做并不新鲜，因为中国历来就有"以史为鉴"的传统。不过，与中国过去的历史进行连贯性、针对性的接轨，是这个时代的特色。

中国历史上曾经与西方文明交汇，来自西方的宗教构想出的代表真善美的奇妙极乐世界。这些几乎完美的景象，渗入了中国文明的思想、制度和文物。尤其是来自印度、中亚和东南亚的佛教，都体现了这些伟大的智慧。以至于宋代的学者们开始相信，他们已经从外部获得了足够的智慧，达到了最高的境界，此后就不必再认真对待其他外来的思想和制度了。因此，中国人对16世纪后到达的欧洲人漠不关心。唯一的例外是，对利玛窦和他的耶稣会士团队的钦佩。明朝的一些官员对欧洲文艺复兴时期产生的文明印象深刻。今天，有许多中国人开始反省，为何当初没有孜孜不倦地追求新知识。而欧洲商人看到了一个不同的中国：在明清官吏优雅的长袍背后，是贪婪和低效。他们得出结论是：中国人是野蛮落后的，理应受到相应的对待。

因此，在19世纪，欧洲人自以为带来了优越的法律和文明观念。基督教传教士被允许跟随商团，意图去拯救"愚昧"的中国人的灵魂。此后不久，一个伟大文明的形象很快就被抹去。到了20世纪初，西方看到了一个制度腐朽的中国正急速衰败，自信地以为只需小小的推动，中国就会自行崩溃。这个根深蒂固的制度怎么能这么快就被摧毁呢？它的消亡速度迫使许多中国人拒绝面对过去的历史。那时，许多中国人认为，像日本那样向欧洲学习是一个更好的选择。到了20世纪20年代，中国最优秀的知识分子，都把目光投向了西方，并认为现代科学和工业资本主义是西方成功的核心。

但在那个时候，经历了几十年的战乱后，中国如何重新走向统一，又成了新的难题。最终，欧洲列强试图分裂中国的威胁将自由和民主的思潮推向了边缘。"不惜一切代价，维护国家统一"成为当时中国最有感召力的口号。时至今日，中国的年轻人仍然在试图探索现代国家的奥秘。但是，人们会觉得有些不安，这是一种深层的忧虑，即年轻人最终只会成为崇拜西方的模仿者。而对西方人来说，中国人除了向他们学习之外，什么也做不了，这是不可思议的。因为很多西方人依然认为，中国人还需要非常长的时间，才能成长为现代人。

其实，中国对世界文明的自由主义思想和制度没有威胁性。今天，自由世界图景正受到来自他们内部的挑战，一个新的场景已经展开，即以"美国优先"（America First）在国际贸易中占据中心地位。美国转向基于国家利益至上的立场，对多边协议产生怀疑而重新开展双边谈判，以及较少地使用一些欧洲国家所热衷的民主、人权和法治等政治语言，这些做法令欧洲国家感到不安。中国已经准备好适应这种世界局势的变化。正如中国在达沃斯会议上所申明，中国将要为世界带来和平与繁荣的全球化项目时，与会诸国为之震惊。中国将自身定位为新一轮国际关系体系的拥护者。但是，如果美国希望达成符合其国家利益的协议，将会面临基于相对实力的抗衡，这也将导致军事实力的挑战，而美国目前拥有巨大的优势。中国领导人清醒地意识到，美国的霸主地位不可能因为一系列亚洲大国的崛起而遭遇严重削弱。

就目前的国际局势而言，极有可能的是唤醒美国重塑自身，巩固其超级大国地位。这也可能导致美国在拥有军事优势的情况下，猛烈抨击、阻止崛起中的大国。如果在一个不采取措施就会失去霸权的局势中，理想的状态是给所有国家提供一种新典范。目前，显而易见的典范将是中国，这是唯一一个拥有强大的经济基础和政治体系的挑战者。中国并没有愚蠢到试图取代美国成为世界新格局的主导力量。新崛起的中国以及印度这样的新兴大国，更希望看到多极秩序（Multipolar order）将是维护持久和平更好的基础。如果一个信心不足的超级大国——美国，能够相信多极秩序将确保美国在世界事务中的地位，就不必惊慌。如果美国不能够确信这一点，那么这个超级大国也必然会拒绝一个较次要的大国崛起。那么，美国将会选择出一个被自己判定为邪恶的敌人，并扮演一个事事关心的领导者角色，以此为理由来保护他的盟友。美国可以辩称，只有这样做，才能阻止世界各国重返数十年来一直试图摆脱的无政府状态。在一个拥有核武器的世界里，这种看似黑白分明的问题，如果依赖迅速解决的方案，那么显然是最坏情况下的全球危机。

中国领导人对此不抱幻想。中国的历史表明，和平结局取决于那些掌握了外交艺术，并懂得审时度势、寻机谋取折衷办法的领导人。过去的实践经验表明，仅有美丽的梦想是不够的，它通常会以不完美的结局而告终，但这并不意味着不应鼓励充满希望的梦想。中国梦聚焦于这样一种希望：在自由市场经济建立的全球化进程中，中美两国仍然可以成为合作伙伴，不仅要坚持当前世界秩序的目标，而且要考虑如何革新和完善这一秩序。

四、我们是谁

延续过去的梦想，不得不重新审视整个中国 20 世纪的艰苦岁月。中国领导人知道，盲目前进，不会产生任何持久的成果。国家崛起的征程，需要"舵手"来确保秩序和安全。对于那些在经历了革命后感到迷惘的人，更需要汲取历史经验。虽然今天这个时代，全世界人民的生活方式都有一定的相通之处，但也需要立足于中国的历史背景，才能更清晰地把握未来。如果对中国的历史，无论是近代的奋斗史，还是几千年文化传统缺乏足够认识，中国也就无法更稳健地走向现代化。

七十年前，中国共产党赢得政权时，随之而来的是十年的质疑和困惑。当每个人都被要求遵循马克思和列宁的思想时，当时那些接触过西方其他观念的中国人，尤其是那些仰慕西欧和美国主流意识形态的人，开始滋生抵触言论。在中国大陆之外，台湾的民族主义者只有宣扬反对共产主义，才能勉强维持。同时，数以百万计生活在其他国家的海外华侨，也开始问"我是谁？"——这是我的中国吗？

1971年，中华人民共和国重返联合国。从表面上看，中国领导人从未像现在这样，如此确定自己在世界政坛中的地位。毛泽东时代，中国人对中国的未来，怀着从未有过的强烈自信。然而，在内心深处，中国人同时也怀着从未有过的不确定——"我是谁？"。面对国际局势，在思考最大的敌人是美国还是苏联；面对国内环境，孔子也早已在"打倒孔家店"的声浪中被扔进历史的垃圾堆。但是，一次又一次地声讨孔子的方式，使得中国人也逐渐心生忧虑。邓小平时代的改革，用新的希望结束了这种混乱的状态，但同时也带来了其他新的不确定性。

在接下来的几十年里，前往西方学习的学生、学者和官员蜂拥而至，他们迅速改变了中国的经济。显然，西方相比苏联有更多可以教给中国的。它更丰富、更瞬息万变，新的思想和制度以前所未有的速度通过书籍、杂志和媒体被引入中国。西方的大学在科学、技术和社会科学领域都有自己的专长。更近一些的，中国人可以从东亚的一些国家学到很多，这些国家还从其资本主义经济发展模式中受益匪浅。这种影响对于大学里的年轻学生而言，更是显而易见的。可是，当时中国的大学机构，已无法满足激增的需求。于是年轻的学生试图通过各种途径，获取更多来自西方的观念。但是这些观念的强烈反差感，几乎让年轻人冲昏头脑。20世纪80年代将尽时的"政治风波"，一定程度上引发了中国新一轮的改革。随后苏联解体，冷战结束，中国有了更大的决心，竭尽全力挽救剩下的一切。美苏争霸中，美国既然已经胜利，不需要中国作为对抗苏联的盟友，继而改变了对中国的期望。于是，在中国内部也开始产生了分歧：美国是真的希望帮助中国发展经济，还是在试图阻挠中国的崛起？

尽管如此，中国人获得的专业知识得到了回报，并为中国与对同时也是对手的西方竞争伙伴提供了宝贵的合作经验。正是这些不断增长的新技能和新知识，在2017年，使得中国宣布大力支持全球化成为可能。自由主义和非自由主义之间的界限变得模糊，非西方秩序的想法不再是不可想象的。中国并不是在提出自己版本的普世价值和普遍主义，相反，在中国共产党的十八大中，提出了走自己的现代化道路。这条道路以两大支柱为中心：一是在国内，只有通过稳定的社会秩序和持续发展，才能确保国家主权安全，而这只有一个团结和组织良好的政党国家才能保证；二是在外部，和平与安全是核心。

在当今，国际局势更为复杂，中国领导人知道，在这个相互依存的世界中，有许多因素是中国无法控制的。然而，为维护中国疆域的完整性，如何摆脱来自世界唯一的超级大国——美国的压力，建设自己坚固的国防，在这一点上，中国继续坚持"摸着石头过河"的探索态度。令人感兴趣的是，即使中国致力于遵循社会主义市场经济走向繁荣，中国共产党领导人也继续将马克思主义作为国家未来的指导思想。中国想要的梦想不是用自由世界的意识形态取而代之,而是确保中国的未来是坚定不移地走自己的道路。在经历了过去150年的历史之后,中国的未来,还需要回顾20世纪中国所有早期的梦想记录,从而继往开来。

第三章　传统的断裂与重新联结

　　但凡了解一点中国历史，就不难发现"中国梦"有很多个层面。我们想分三个部分来探讨中国梦。第一部分，将探讨中国人民在重建国家过程中所经历的艰难困苦。第二部分，将探讨中国完整保存了数千年历史的文字记载，中国从这些传统典籍中获得了多少百折不挠的精神鼓舞。第三部分，探讨中国是如何寻求民族认同感，以及如何将现代文明中的多种价值观融合的。为了把这三个方面整合起来，中国的领导人必须面对复杂的权力架构问题，并为政权的巩固和延续寻求道德威信和合法性的依据。

　　这种努力，始于20世纪四五十年代，当时许多知识分子拒绝接受来自中国历史中儒家正统思想的那一部分。他们试图寻找新的思想，试图以共和制取代君主专制。特别是，西欧国家崛起的历史经验对于刚刚接触民族主义的青年人而言，很有吸引力。当时的中国人，特别想解释清楚，中国从过去走到现在，采取一套怎样的思想和制度，才能使中国人民成为现代的文明人。中国的崛起、衰落和复苏的主要历史轮廓，是众所周知的。浩如烟海的历史典籍，也足以证明过去几千年所发生的一切。但鉴于过去一个世纪以来的巨变,尤其是中国近年来崛起所带来的深远影响,回顾其历史轨迹尤为必要。

我对中国努力与过去重新建立联结,有以下几点看法。

两千多年来,中国一直是皇朝国家。在这个国家里,一个中央集权的官僚国家,把许多具有不同价值观和社会制度的民族融合在一起。在近代,中国又遇到了迥然不同的欧洲帝国制度,这种制度证明了更能富国强兵。而中国的回应,是放弃其皇朝国家,建立一个共和国。到了21世纪初,新中国重新获得了经济强国的地位。这个崛起的中国,从何而来,将往何处去,以及中国不断演变的地位对本地区乃至世界意味着什么,这正是当今无休止争论的话题。在接下来的章节中,我将着眼于中国传统的关键部分,以及如何利用这些部分来满足拓展技能和思维方式现代化。虽然历史发展在不同时期经历了变化,但始终是相互联系的:一种最适合中国的国家制度,在文明更新的进程中,始终如一地记载人民在社会变革中所起的历史作用,以及彰显其文明的高度。

一、受命于天的天下观

不可否认,中国在过去的两个世纪里曾急剧衰落,而他试图从衰落中恢复过来的努力也充满了悲剧性。这是由于皇朝国家无力抵御已将帝国扩张到全球的欧洲民族国家的结果。我用帝王的皇位代替皇朝,而不是更普遍的帝国概念,这样就使得我可以清楚地把皇帝和他的王朝,以及与"天下观"联系起来。比如秦朝、汉朝及其后继者,并没有简单地把自己视作皇帝,而是自称"天子"——"奉天承运,受命于天"。这种天下唯我独尊的文化观念,自视高于普天之下所有的王国,就军事实力和帝国势力范围而言,古代中国可以与神圣罗马帝国以及其他封建朝代的帝国相媲美,但对其合法性的界定不尽相同。

(一)天子的"大一统"

中国古代统治者声称,"天子"是替天行道的领路人,领导这个国家是他的天命,由此引导臣民忠于他。虽然这个"天命"经常被更改,以适应朝代的更替以及新的天子的出现,但中国古典政治的核心依然是"大一统","天无二日,国无二主"(one sun in the sky)。

朝代都有兴衰更替,合久必分,分久必合。皇朝强盛时会引来周边国家的崇敬和恐惧,衰弱时则引来邻国的觊觎和入侵。随着时间的推移,最终形成了有别于周围的部落民族(胡、戎、夷、蛮),并逐渐形成了一个优越的民族——文明的华夏族。但是,那时,没有主权边界的法律概念。这种认同感并没有发展成任何可以与西欧和现在全球使用的民族国家概念相类比的观念。几个世纪以来,特别是从唐朝开始,拥有共同的书面语言,并共享儒、释、道三教合一的信仰和实践,这就足以将中国人与其他人区分开来。

中国古代文明与其政治制度之间的关系是一个复杂多变的关系。两千多年来,汉人在应对突厥人、满族人、藏族人、蒙古族人的部族征服时,不得不应对重大的文化挑战,并都留下过成功征服后的政治制度。这些政治制度也同样影响了每一次南下的统治者。比如许多民族也接受了从中亚和印度传入中国的佛教。从南北朝到唐朝，具有优势的军事组织和佛家教义的结合，巩固了国家权力结构，还使得传统的儒家和道家的信仰者至少在五个世纪内处于守势。在那个时代，广泛的政治和文化变革也从上到下重塑了社会结构。新的文化改变了门阀和贵族统治的政治性质，从而塑造了唐朝的文明形态。这些被引进的新思想和新制度激励了一代又一代的皇帝、官吏，他们开始重新思考皇朝国家的组织方式。但是，始终保留了天子是最高统治者。除此之外，其他的那些变化并不是不可避免的，也不是预先确定的。

不同的民族和历史事件促成了汉朝灭亡后的制度演变。我所描述的皇朝国家性质的变化，并不是一个连续统一的必要组成部分。它们在很大程度上是对新情况特定反应的结果，反映了适应和变革的能力。现在，现代全球化的力量已经变得无处不在，不可逆转。中国人又一次适应了这场大变局。他们在用国家、民族和文明等词汇来解释"什么是中国""什么是中国人"。从孙中山和他的支持者宣布成立共和国的那一刻起，中国领导人就已准备好审视他们的过去，以塑造一个更美好的未来。

第一步是以总统制的"中华民国"取代了天子的君主制。在像"中华""民族""总统"这样的词被广泛应用时，也标志着一个新时代的开始。推动清朝天子退位的变革，是由"革命"一词所代表的，这个词在中国传统脉络上，指的是推翻一个失败的王朝。但这一次，它更加激进，意味着整个政体的更替。这个以总统为首的共和国，立法机构由全国各省的民选代表组成，他们选出总理和内阁官员。政府官员的职责和权力由国民议会批准的宪法来赋予。这一制度实行的是行政、立法和司法三权分立，大致沿袭了美国和法国的共和制。

不幸的是,"临时大总统"孙中山与清朝重臣袁世凯之间的协议并没有受到宪法意义上的批准与认可。实质上,只是清朝皇帝把他的权责移交给了袁世凯。在最后的秘密谈判中,临时政府从南京迁至北京,袁世凯被"选举为总统"。事实上,在赋予这个新国家合法性方面,西方列强通过其驻北京大使馆表达的外部承认可能比其他任何因素都更重要。这是一个不祥的开端。当时的中国人对"共和国"没什么了解,甚至总统都不了解。袁世凯为清朝皇帝服务了大半辈子,可以理解的是,甚至他也怀疑"总统"是否是某种非世袭的皇帝。

袁世凯后来的政治行为,显示了他对议会的作用知之甚少。一年后(1913年),孙中山领导的国民党不再支持袁世凯,发动了一场失败的"二次革命"。这进一步证明,当时的中国人,尚未完全理解"革命""宪法""分权""政党""内阁政府"等词的真正含义。随着事态的发展,相应的汉语词汇只是简单地获得了新的含义。袁世凯无法理解,一个国家怎么可能没有皇帝般的统治者,怎么会有一个没有类似权力的总统?经历了更多的挫折之后,袁世凯解散了议会,实行"总统独裁制",并被其中一些人说服,认为他也可以成为皇帝。这是一个严重的误判。对于袁世凯复辟帝制的逆势举措,激起了各地军阀的广泛反对,在"讨袁"声中,袁世凯被迫"退位"。几个月后(1916年),袁世凯就去世了。

从那时到1928年,当国民党在华南赢得了足够的权力,并在南京成立新政府时,中华大地成了诸多军阀混战的战场。对许多中国人来说，分裂的中国饱受西方列强的操纵。而缺乏强大的中央政府，也意味着"中华民国"仍然是一个军阀混战的国家。时至今日，有些人怀旧地回顾这一历史时期，将其视为政治活动、文化和知识创造，以及私营企业相当自由的时期。特别是在一些港口城市的租界，在那里的中国人能够分享外国公民享有的治外法权。

事实上，缺乏官僚控制受益最大的学科是现代学校的文学、美术。但对被问到"谁在治理国家"以及"中国政府是如何捍卫国家主权和经济自主"的人来说，感受到的是越来越多的恐惧和失望。同样普遍的是，中国文明受到威胁，社会各阶层的重要文化价值观正在丧失。特别令人担忧的是，外来思想和制度正在侵蚀着中国文明。尽管很少有人谈到"全盘西化"的呼声，但大多数人认为关于政治、哲学、科学和商业的讨论是自由进行的。殊不知，这些概念，亦或者说是思想观念，大多来自欧洲、美国，甚至是现代日本，是在他们的思想框架里进行讨论的术语。

在国家建设的大背景下，有三种模式都采用了西方的意识形态语言：一是自由民主的西方认同民族主义和资本主义，二是苏联的国际主义和社会主义，三是来自法西斯和中欧国家的国家社会主义。这些都是中国对政权抉择的新挑战。在拥护每个模式的群体背后，都有一些声音在提醒人们，中国历史的政治传统，即孔子及其弟子赋予的中国古老文明的道德愿景。而孙中山是从第一种模式开始的。他理想主义的支持者也认同这种模式，但众多的军阀不断地为控制国家而争夺，最终打破了这个愿景。最终成为国民党领袖的蒋介石，希望摧毁他的对手——共产主义，并转向纳粹和法西斯国家，寻求军事援助。中国共产党领导人，受到马克思主义意识形态的启发，又以列宁主义和斯大林主义的政党组织方式和中国传统的农民起义相结合，最终赢得了内战。毛泽东时期的"将革命进行到底"，是作为马克思主义的中国化，中国共产党逐步走向了具有中国特色的政治格局。简而言之，中国在整个"革命"时期，中国人都在通过建设一个强大的国家来实现中国的统一。国民党和共产党领导人的共同目标，是建立一个取代皇帝国家的制度，使中国有能力抵抗西方列强的欺凌，并在国内建立新秩序。这就是共产党人更成功地运用外来意识形态的地方。他们对西方政治模式传入中国不抱幻想，而更专注于探索能够重建并再次赋予中国崛起的新方法。

（二）文化信仰的重建

让我回到中国共产党为实现这一目标所经历的一切。新中国成立初期，以阶级斗争的名义冲破传统价值观，强调创生一个取代旧文明的社会主义新时代。这就是为什么从1949年到1980年代初，几乎没有任何书籍和文章试图将儒学与中国文明联系起来。那一代人，把中国的苦难归咎于儒家帝制，并试图将所有过去的成就归功于普通民众的汗水和才能。他们鼓励历史学家运用马克思主义的社会进步阶段论来重写中国的所有历史，并最终证明对皇朝制度的颠覆与摒弃是完全合理的。同时，也谴责认同资产阶级和帝国主义的人，拒绝从西方引进的价值观，并对一切与资本主义和帝国主义有关的东西都进行了猛烈的批判。

到了20世纪60年代，连同从苏联引进的共产主义思想，都以反对修正主义的名义遭到了猛烈的抨击。那些教育程度低的青年人，在迷信和恐惧中，先后否定了中国的封建制度、美国资产阶级的自由主义和俄国修正主义的自由主义。对于新中国的建设，几乎没有任何模式可循。工农兵对于文明和意识形态之类的概念并无了解，他们其实更关心未来的生活和工作。因此，令人感兴趣的是，在邓小平改革开放的20世纪80年代，人们对过去的模式重新产生了兴趣，出版了大量关于现代国家建立在文明价值观基础上的著作，反思了过去几十年发生的事。但是，对于如何重建中国自己的文明，也有人犹豫不决。

那些崇拜先辈智慧的人和那些想建设"社会主义精神文明"的人之间仍然存在着分歧，而这些"社会主义精神文明"也会有选择地从这些传统中汲取精华。这就像是早期中国寻找更好的制度探索：看看西方自由主义者，着眼于社会主义改造以适应中国，同时也着眼于中国自身久经考验的传统价值观。无论是共产主义者还是非共产主义者，受过教育的中国人都意识到中国已经失去了文化根基。整整一代人必须重新开始，以恢复自尊和民族认同感。

对一些人来说，邓小平的改革开放就像大旱之后逢甘霖。对西方现代生活方式的重新接触，令人振奋。除了之前被怀疑的欧洲社会主义书籍外，还有一股新的科技知识的热潮，再加上不熟悉的社会科学理论和概念，以及艺术和文学各个领域积压的实验形式，许多人开始考虑这些可能成为有助于塑造现代中国的文化表达方式，因此被视为国家鼓励的价值观。

中国人也看到了生活在中国香港、中国台湾和东南亚部分地区的中国人，是如何在不同的框架下自由构建自己的世界观的。那些对中国传统保持信仰的人，重新浮出水面，要求有机会为新国家的年轻人进行再教育。他们相信可以比身居海外的中国人做得更好，因为他们在中国大地上有着更深厚的根基；他们所能复兴的传统价值会有更大的真实性。中国共产党知道自己所建立的国家，暂时没有为经济发展创造稳定的环境，但是邓小平、陈云等革命家仍然坚信自己为之奋斗的社会主义是进步的，他们决心从错误中吸取教训，进行改革，建立一个更有效的国家来实现社会主义理想。他们知道过去的政治运动已经失去了宝贵的时间，中国的经济必须迅速增长，才能使这个制度得以生存。他们不可能回到儒家帝制，也不可能回到毛泽东时代，也不会允许引进西方民主模式从而危及未来。同时，他们也知道，要满足长期处于贫困和压抑中的人们的愿望和抱负。正是在这些压力的背景下，新的领导人发起了将社会主义与中国特色的文化传统、西方资本主义方法论和马克思主义进步思想联系起来的新变革。他们相信，这样的结合可以提供现代国家的基础。

然而，这一愿景充其量只是一个模糊的愿景。自 1989 年以来出版的大量著作揭示了这一愿景的问题。他们展示了新一代知识分子如何推动创造性思维的发展，同时也说明了一个国家需要什么才能重新变得可信。其中一个出发点是重新审视国家的起源。历史学家已经证实，自 1949 年以来出土的文物可以追溯到比文字记载更早的起源。因此，教科书中都提到五千年的中国文明。所发现的文物古迹表明，文明起源于以古代书面语言为中心的仪式和符号。三千多年前，这些文字区分了中原华夏族的中国人与南北方的蛮貊。华夏族是那些用这种语言文字来提升和完善国家的人。到了孔子时代,中国人相信"夷狄入中国,则中国之"。

学者们将这个古老的国家与其他地方的国家建设相比较,并试图寻找客观的标准来衡量一个国家成功的原因。他们得出的结论是:只有文明的国家才能变得强大和有韧性。有人认为,富强的国家消灭或吞并了贫弱的国家;也有人不认同,认为那些幸存下来的国家仍然能够进步和发展,对世界也有很大的贡献。中国古代文明是小国兼并成为一个强大国家的产物,为了保护和增强国家的军事力量,进一步深化和扩大了文明。西方国家也是如此,这些国家是由不同的文化塑造而成的,并在两百多年里保持着优势。尽管大多数中国人并不认为西方国家在本质上是优越的,但他们也认识到,西方的文化价值观使西方国家能够拥有巨大的财富、科学知识和军事力量。对一些人来说,这些价值观来自一种优越的意识形态,中国也需要一种可以作为新型国家统一和支配性原则的意识形态。令人着迷的是,今天看到一些学者重返古代文献,寻求创造新中国的思想源泉。像阎学通、葛兆光、赵汀阳、汪晖和赵鼎新这样的学者,似乎在追随像钱穆这样的学者的脚步。同样地,国外的学者,如许倬云和余英时也指出,在今天重建国家时必须尊重过去。

这些学者的著作指出,君主制的兴起与用来选拔人才的科举制关系紧密,最终,这套基于四书五经的学问演变成作为官方正统的理学。到了明朝,官方更是指定由朱熹编订的《四书集注》作为科举考试的标准教材,由此传播国家的统御思想。这种成功,甚至让其所产生的文人阶层认为不需要来自中国之外的其他任何事物。当满族人在 1644 年征服汉族时，他们同样也接受了这种正统的统御思想，并继续使用它来控制占人口多数的汉族，同时也为满族统治提供了合法性。清朝通过允许汉人充当儒家政权的保护者，消除了文人的敌意，满族皇帝赢得了他们的认可。因此，这一制度得到了进一步的巩固。

满族统治结束的原因很复杂，但究其根本，我认为是旗人—文人制度被各方面更先进的权力所摧毁，而这个制度的自我毁灭是因为它变得太保守了。尽管如此，对于所有人来说，最重要的后果是，皇朝国家的垮台，同时也把中国文明拖下水了，导致了文明的衰落。

当 20 世纪的中国精英们寻找失败国家的替代品时，他们意识到，必须找到另一种文明来拯救中国。这就是为什么会有这么多关于中国崛起的文章和书籍，这也就回到了与社会主义精神相联系的未来文明的问题上，这意味着具有中国特色。我将在后文进一步讨论这一问题。在这里，我注意到中国特别重视纪念重要历史事件，例如：中日甲午战争、百日维新、义和团起义、废除科举制以及辛亥革命、五四运动等。这些纪念活动，都在提醒我们，共和国仍在努力寻找最好的方式，将现在与最近的过去重新联系起来。中华人民共和国已经从强调文化认同转变为强调政党国家认同。

这使我们回到了重建后的国家的本质这一问题上。对中国领导人来说，一个迫在眉睫的问题是，国家是否需要一种意识形态来实现其未来的发展。在冷战时期，资本主义和共产主义之间的斗争被认为是至高无上的，阶级斗争呼声响亮而清晰，他们似乎在宣扬一种新的意识形态已经取代了儒家思想。这些呼吁指责旧的文人阶级用他们的反动守旧的思想言论摧毁了国家。但是，中国需要一种新的意识形态的观念仍然存在。毛泽东思想是走向这种取代的第一步。许多中国人认为，如果不出现新的意识形态，中国就无法实现其再次崛起。

身份丧失感与不平等条约中主权的丧失有关，特别值得一提的是，在中国领土上给予外国人的法律和司法权利，这导致了外部资本主义对中国大部分工业和基础设施建设的控制。还有其他方面的因素，中国曾长期处于国家分裂状态，在大多数时间里，中国都缺乏应有的国防。中国之所以得以幸存下来，很大程度上是因为各大国不允许某一个大国来独享利益，也不允许任何一个大国统治这个饱受战乱的国家。这给了许多中国人一种无助感，尤其是对于他们作为文明人的未来感到无奈。对自己的道德传统和宗教组织的可悲状况失去了信心，产生了一种自卑感。它们一起破坏了建设一个可以灌输民族自豪感的强大国家的努力。在中国历史上，从未经历过最优秀和最聪明的人对自身传统基础的实质破坏。因此，在中国知识分子的心头滋生了各种各样的情绪。他们把愤怒转移到对这一损失负有责任的人身上，这一切盲目的情绪发泄，阻碍了中国恢复其世界地位的努力。为此，有些人更加坚定地要努力使中国摆脱悲惨的处境，有些人则转向反省，以解决导致这种绝望的原因。

对于那些抛弃传统的人来说，他们试图通过采纳西方的价值观来寻求中国的复兴。不管意识形态来自西方哪个国家，只要能达成中国想要改变命运这一目标，其价值观都会被采纳。值得注意的是，他们当中的一些人达成了建立新的民族国家的共识。对他们来说，这变得如此重要，以至于如果民族主义者未能实现这一目标，他们就准备好迎接另一场革命，以确保能够推动中国再次崛起的统一。

二、回到传统的历史叙事

我之前提到，共和国制度、民族国家（无论是中华民国，还是中华人民共和国）和对现代文明的追求都必须面对这个国家的悠久历史。这意味着必须面对现代史学的考验，而重写中国历史被视为重新开始的不可避免的方式之一，并非只有中国不得不回应世界主流历史学的话语权。自 1945 年以来诞生的所有新国家，都不得不在第二次世界大战结束时，在新的后帝国时代的全球框架中重新构建自己的历史，但中国发现自己遇到了一个问题：早在以欧洲中心论的范式成为这个世界通用的历史叙事方式之前，它的皇朝国家就失败了，取而代之的共和国是外来的，是欧洲启蒙运动的产物。

通过接受这一制度，中国也采纳了如同法国和美国的"公民"概念作为基础，赋予共和国以合法性。法国已经是一个国家，而美国认为自己是第一个建立摆脱宗主国英国根源的世界性新国家。此外，早在西方创造了现代文明，并认为那是世界普适性的文明之前，中国人仍然相信自己早已拥有了伟大的文明。处理这个问题的一个方法是，宣布他们古老的儒家基础不再有用，中国不得不重新开始与欧美国家竞争并恢复其财富和地位；而代价是中国失去了与历史传统的连续性。

第三章 传统的断裂与重新联结

这一状况使其领导人停滞不前。很多人认为代价太高了，有人会问："这真的有必要吗？"他们可以利用部分政治传统来建立自己的共和国，可以把中国境内的所有人囊括在一个扩大的"中华民族"中。无论如何，中国要成为一个强大的，能够团结各民族，支持其独特文明的国家，还需要多长远的历史延续性？如果中国领导人能够就这一点达成一致，他们必须做些什么才能实现这种延续性？

辛亥革命后不久，中国的历史学家就开始改写他们的历史。他们把中国放在世界历史的框架中，并假定一个线性年表，将过去分为古代、中世纪和现代。他们认为，中国近代史始于1840年鸦片战争。这不同于大约1500年随着美洲的发现而开始的欧洲近代史。这也意味着中国历史上没有中世纪的中古文化。当1840年被认为是近代史的开端时，中国人发现1840年以前的发展与古代史的某些概念非常相似。马克思主义历史学家也承认近代始于1840年。他们对这一时期作马克思主义辩护，认为其主要是从资本主义向帝国主义的转变，作为通往社会主义道路的一个阶段。在此之前，至少两千年来，一切都是封建主义，鸦片战争是中国近代史的开端，几乎所有人都认为鸦片战争标志着中国近代史的开始，这种延续性传统的影响可能是出人意料的。

"1840年"的选择，打破了以朝代作为历史时期来构思中国历史的习惯做法，也是与自古以来的史书传统的真正决裂。这一传统从汉代演变而来，最终形成了在鸦片战争前半个世纪的皇家图书馆《四库全书总目》的图书分类法：经、史、子、集。《明史》是被收录的最后一部正史，即明朝1368年至1644年的正史。这是从司马迁的《史记》开始的第二十四部历史典籍。汉朝以来，官方史学家共编撰了二十四部史书，以确保中国历史叙事不中断。

因此，从1840年开始的近代史给民族主义史学家带来了两个问题。如果没有中世纪时期，那么将古代三千多年的历史作为同一个历史时期来处理就显得异常困难。如果中国人沿袭欧洲的习惯，将一个早期现代时期细分为1500年至1840年，那么明朝中期的弘治（1487—1505）和正德（1505—1521）之间的划分就没什么意义了。至于马克思主义历史学家，他们为确定奴隶制时代（如果存在的话）何时让位于封建主义时代作出了不断探索，但最终大都放弃了马克思主义的历史分期法。因为这样无法解释，中国在前现代明清时期产生了资本主义的萌芽。两者都无益于中国历史的改写。替代的方案是，继续努力写出一部正式的清史，以涵盖1644—1911年这段时期。这部作品是从20世纪20年代制作了第一部《清史稿》的清朝遗老开始的。但当时的南京政权将其视为正史拒绝，因此它只是作为一部历史草稿出版。在内战和抗日战争期间，没有继续推进，但是这个想法仍然存在。1961年，在台湾地区出版了在此基础上修订的《清史》，但也同样不能令人满意。1991年，台湾地区再次尝试编纂"新清史"，同样以失败告终。在中国大陆，曾有很多人呼吁编纂《清史》，但直到2002年，才有一个成规模的团队开始共同编纂。

中国人为什么这么执着编写一部能得到官方认可的清史呢？当民国时期的革命党人对此不感兴趣时，清朝遗老们的举动，可以视作是其职责。南京政府虽然并不热衷此事，但也仍会遵循传统。在台湾地区的领导人，即使只是象征性地编纂，也要高调宣

第三章 传统的断裂与重新联结

称与中国的过去保持着良好的连续性。中华人民共和国成立后，几十年的经济建设与政治波折分散了注意力。当最终决定继续编纂《清史》时，是因为中国的领导人希望国人更好地了解中国历史的连续性特征。

在历史学家中，没有一部清史来填补1644年到1840年这二百余年的空白，这已经被证明是很难解释得通的。比如，清朝利用汉人时，满族人取得了哪些成就？填补的缺口不会让与中国过去的重新联结变得更加可信吗？我对史学家在中国的作用，还有一个额外的视角，它不应该与我们通常的史学相混淆。《史记》在汉代是与儒家学者尊为载道的"经书"同样被重视的。在唐宋时期，史书的重要性日益增长，它也被视为帝王的必读书，除了经书、子书和历史名家的各种诗集、文集。史书的重要性在清朝乾隆年间达到了顶峰，被列为皇家图书馆《四库全书》当中专门的一个部，得以重新刊印。

中国的史家，选择这样一种纪传体的历史叙事，通过借鉴以往执政者得失成败的经验，从而帮助新的执政者能够更好地治国。这些历史记录也证实了，历朝历代主政者背后儒家经典一贯的指导原则，以及儒家思想在培养年轻的士子成为优秀管理者方面起到的作用。这使得我重新认识到史书的地位，它是参悟儒家经典必不可少的辅助读物，以及理解皇朝政治文明得以延绵不绝的重要证据。孔子编订了"六经"，人们要想完全领会"六经"的核心精神，是十分困难的。在孔子之后长达一千多年的漫长岁月中，一代又一代的儒者，就经文进行注释、辨析，并根据他们积累的大量知识重新作出解释。直到11世纪至12世纪的宋代，人们才几乎达成共识，认为哪些文本应构成"经"的核心。

自公元 2 世纪以来，儒家学者一直在使用"经"的一些文本，使之传递出来的核心观念受到朝廷的认可和重视。历代儒者为皇朝服务，成为统治者不可或缺的成员。这并不是例外，在世界上其他一些国家和社会，也珍视他们的《圣经》。在有既定宗教的地方，经书也提供了人们需要知道的历史叙述。统治者和学者并没有把承载智慧的经典与政治、经济事件的记录分开，而是认为后者在没有经书参照下是支离破碎、毫无意义的。最好的例子是拥有犹太教、基督教和伊斯兰教等一神论宗教的国家。在这些国家，人们期望过去的知识符合经书中的启示和真理。至于信仰多神教或萨满教的民族，有不同的方式来讲述他们的历史。

有三个传统可以说明古代智慧是如何传播的。其中两个来自印欧语系，第三个来自中国。在前两者中，一个是由那些南来北往的印欧人塑造的，产生了"神人共处"的社会。例如，在印度，大量的《吠陀经》经文使得历史的概念变得无关紧要。值得纪念的事件被戏剧性地保存在像《罗摩衍那》和《摩诃婆罗多》这样的作品中。在这些作品中，这些叙述与道德和政治智慧相结合。

其他印欧人向西走向地中海，关于神的故事被编织成诗歌、戏剧和历史作品。尤其是希腊和罗马的哲学家产生了世俗的思想，他们的历史学家把观察、叙述和分析结合起来。在经历了从罗马帝国灭亡到西欧文艺复兴的诸多磨难之后，他们成功地与一神论基督教相结合，激发了主宰当今世界的现代文明。

与西方不同的是，中国没有正式承认历史仅次于经典的知识等级制度。在古代中国，知识掌握在权力中心的士人、巫师和贵族手中。我们对周朝以前（公元前11世纪）的起源知之甚少，但在周朝的自由统治下，为各诸候国服务的士人精英们发表了他们的观点并进行了争论。到了第一个千年中期，在春秋时期的各国，有学问的人向任何愿意倾听如何治理国家的统治者提供建议。其中最突出的，影响了至少三个世纪以来主导道德和政治话语的思想流派，这之中就包括孔子所代表的儒家。他第一个提到六经，主张为统治者服务的人必须学习这些经文。这六本书分别是《诗》《书》《礼》《乐》《易》《春秋》。由于《乐经》失传，后来被称为"五经"，孔子之后的其他对立学派都知道这六本经书，但都没有认可。他们的著作范围广泛，百家争鸣，呈现了周朝最后几个世纪活跃的新思维。

但是，在秦统一天下，建立了中央集权的帝国后，法家的统治学派对当时所有的著作都进行了仔细的审查。秦始皇下令销毁一些文献，特别是儒家制定治国方略的史书。汉代后人不依赖法家，尝试其他思想，汉武帝邀请董仲舒等儒家学者来协助他治国，"五经"就这样复活了。这并非没有争议。文本的真实性和不同的解释争论了几个世纪。但是，只要儒家在皇室中仍然显赫，他们所认为的经典就仍然是学者关注的中心。汉代以后，官方承认经典的主张有好几种，包括治理结构之外的作品，例如《老子》《庄子》作为道家经典以及从印度引进的佛教经典作品。但是那些受过儒家经典教育的人继续管理着法家的国家机构，这些机构在隋唐统一前的三个世纪的分裂时期仍然在运作。

"天下一统"的形象，通过唐朝早期编定的一些历史类的文集得到认可。其中包括《贞观政要》一书，由汉唐时期的记录和文献组成，主要由儒家士大夫编纂。决定性的时刻是，唐朝在7世纪设立了史官办公室，系统地记录皇帝所说所做的一切，并收集和编辑所有文件，编修当朝实录。这种编纂官方史书成为制度，作为善政的辅助手段。在汉代，学者们一直把书籍分为不同的类别，但直到唐朝，这四个类别才被正式承认：经、史、子、集。然而，每一个包含的内容都有可能发生变化，几个世纪以来又有许多补充和删节。主要的变化是在经典范畴，其中只有儒家文本及其解释，注释和评注被包括在内。《四库全书》明确指出，皇家图书馆的藏书是儒家国家所需要的全部知识。"经"的至高无上和史籍的支撑作用也是显而易见的，但情况并非总是如此。

（一）善政是历史的结果

汉儒只是皇室关注的几个竞争者之一，其追随者必须与法家、道家、阴阳家合作。在从3世纪到6世纪为期三百年的分裂过程中，佛教经文和一些道家经典取代了儒家的经典。其中一些更有影响力，其影响至少可以延续到10世纪。而儒家继续担任重要的行政职务，他们的经典只对一小部分人重要。即使是儒家也不得不阅读其他各家著作来获得启迪，他们也非常欣赏优秀的散文和诗歌技巧，以及天文学、医学和战争策略等实用技术。然而，正是在唐代，平民可以通过更开放的考试制度获得公职。就这样，一个文人群体开始成长起来，并在朝廷中获得了影响力。这些官员开始挑选那些为后代官员提供最好培训的经书。与此同时，史书的编纂在那些有志为皇帝服务的人中间获得了权威。人们非常重视研究和鉴定的方法，我们称之为史学的开端。特别是，被指派在历史研究部门工作的大儒认为，有效管理政府所需的经验教训是为了确保管理清晰。史官们意识到史实准确的重要性，唐代史学家刘知己等人也在《史通》中寻求更高的历史感。刘知几的事迹激励了杜佑，杜佑以三十六年的功力完成了施政百科全书《通典》开启了典章制度史的先河；后世宋代的王溥汇编的《唐会要》《五代会要》也都是极力追求史实的准确性。他们将之与11世纪编纂的十七部正史、标准史相结合，形成了伟大的宋代史学汇编。其中，有对诸如《资治通鉴》《通志》《文献通考》等文献的综合审订。这些文献记录，以各自的方式涵盖了截至公元960年（五代末）的所有中国历史。这些史籍，以及数以百计的其他文献，为中国提供了一种越来越强烈的连续性，将每一个王朝与整个中国历史联系在了一起。此外，他们尽其所能提供证据，以证实经书之作是成功的政府最根本的指导原则。如前所述，中国人花了许多个世纪，才对"经"的定义达成共识。在对每一个文本的内容和意义争论不休的同时，史籍也不断地为皇朝国家发挥着重要作用。在描述每一个朝代所做的事情时，他们共同支持并重申了经典文本的有效性。他们提供了必不可缺的证据，证明了"经"应该是有抱负的公务员的必修课。再加上"子"和"集"中的文学与实用文学的其他哲学和方法论，文人所能获得的全部知识，既给了他们智力上的满足，也给了他们对中华文明坚定的信心。自宋朝后半期以来，中国文人墨客就一直生活在这种确信之中，并将这种知识体视为其文明国家的力量源泉。与此同时，这个官方阶层变得过于自信和自满，这也是他们未能跟上1500年后西欧动荡发展的原因之一。

(二)寻找新的国家愿景

中国梦,既是希望与中国的过去再联结,同时也努力成为新的世界秩序的一部分。中国是否需要用一套现代文本来取代功能失调的正统观念?中国人跨越了"以继续进行阶级斗争为新的意识形态"这段艰难历程,正寻找新的国家愿景,而不是回到"阶级斗争"的旧梦。改革开放四十多年来,中国所经历的文化变革,在很多领域已经触及了中国最近的过去,并试探性地寻求与儒家传统建立联系。中国是否希望新时代的中国特色社会主义思想能够成为取代早在一个世纪前就被摒弃的国家儒学的新意识形态?

过去的历史证明,共和宪政制度在中国是行不通的。尽管民国时期的"南京国民政府"曾做过这样的尝试:将三民主义作为四书五经的替代品,但这些文章并没能真正地激励大多数的中国人。那些儒家经典,尤其是理学经典,在经历了千年历史浸润后,早已公认为是中国人核心价值观的思想源泉。这也将表明,新时代的中国特色社会主义思想,短期内很难撼动中国人的旧观念。回顾过去,不难看到,在没有一套公认的经典思想著作的指引下,中华民国经历了数十年的政治分裂,积贫羸弱。新中国也是在经历了将近三十年的不断探索之后,才走出来一条崭新的坦途。

从那时起,中国在没有既定意识形态框架束缚的情况下,表现得格外出色,尤其在经济领域取得了非常好的成绩。更重要的是,中国曾经所效仿的苏联模式也已走到终点,中国告别了一段屈辱的过去。苏联模式曾经作为被中国人视为光明和希望的灯塔,而如今已经黯然失色,甚至对于中国人来说已经完全褪色。在过去的一个多世纪里,保持中国持续发展的关键因素,是中国人艰苦卓绝的创业精神、应对苦难的坚韧不拔,以及对新事物极强的适应性。

中国的政治体系在经历了几次动荡之后变得更加稳固而强大。尽管中国不断地面临着国际敌对势力的挑战,中国领导人却成功地加强了民主集中制度,并在重新定义国家方面取得了新进展。中国人一次又一次地为国家未来的愿景作出新的尝试,同时也在不断探索与尝试如何才能重新与曾经使中国无比辉煌的历史经验联系起来。可以回顾中国自1949年以来的经验:马克思、恩格斯、列宁等思想著作,作为指导思想后盾,之后的60年代,被誉为"红宝书"的《毛主席语录》成为伴随此后十余年的思想指导,深刻地影响了中国人的政治愿景。

中国的改革开放,一直都在寻求解决紧迫问题的切实可行的办法,它避开了意识形态的争议,专注于制定可行的经济政策。相应的,那种寄望于确定以一个经典文本为基础的思想架构,逐渐淡出了人们的愿景。这彻底地改变了中国继续前进的方向,开始集中精力发展建设,改善民生。中国开始对全球多元化的利弊持开放态度。与此同时,这一时期的中国人,尤其是年轻人,开始对西方的自由价值观变得过于热情,甚至有意识形态化的趋势。这使得中国人不得不重拾历史,重新寄望于对中国特色社会主义的探索,于是中国人又有了新的愿景。但这一次,并没有强加任何一部经典著作作为国家理论指导。

与此同时,中国开始了从思想观念到意识形态的大辩论。辩论表明,大多数中国人不再相信一套经典著作能提供现成的模式。中国人开始意识到,指导原则的价值愿景,不仅仅来自西方,同时也来自中国悠久的历史，来自成功的实践。世界已经超越了阶级斗争这一阶段，并在持续迅速地发生着变化，套用某一种现成的模式终究一事无成。一些经典著作或许会激发思考，所以需要更加仔细阅读体认。但现代创新的主旨、新生国家的作用、国家利益的核心，决不能依赖于任何一堆陈年故纸。

中国人不再指望照搬西方的一切。回顾历史，中国人经过了一个多世纪的争论，很显然，只有铸就一个更强盛的中国，才能让中国人民满意。现在的中国人，已经明白了科学和经济可以带来什么，中国需要一种回归的联结。这种联结，有助于建立一个稳定、和谐的社会，并从过去的历史错误中汲取教训，包括从已经偏离了的更古老的智慧中汲取教训。

这让我意识到，中国人最善于重新发现自己的过去，重视自己的历史。如果中国要将其当前的快速发展锚定在继承历史的韧性上，那么其数千年历史的连续性所创生出的价值则无可估量。在中国的文明史上，他们的经学总是与史书紧密地结合在一起。如果没有史书的连续性作为保障，那么经学就流于空泛的道理，皮之不存，毛将焉附？当前，中国领导人还没有找到一套新的经典著作，所以他们需要与记载自己历史的史书重新建立联结，这对把握中国的未来将尤为重要。

中国的历史学家知道，史学并不局限于现代史学（历史编纂学）或者历史学的学术范畴。史学是由历史、地理、经济、法律、社会学、政府和公共管理的总称组成的总纲要——几乎涵盖甚至跨越了当今人文科学和社会科学的所有领域。理解史学的这一功效，将有助于阐明实践性知识是如何提高了中国国家、社会和经济的综合质量，这也会提醒我们，史学仅仅是中国"经、史、子、集"四个框架中的一部分。在这个框架中，中国人崇拜先秦百家诸子以及其创生的精神和手工技能。子部和集部，展示了中国古人的创造力和独特的审美，中国人对此充满敬意。

现代很多人会在头脑中思考，古人是如何创生出创新的构思、原始的科学方法。然而，有一个问题，其实更值得关注。许多中国人认为，中国悠久的历史连续性是他们作为一种文明独特性的关键。如前所述，对这个问题的认知，存在一个很大的差距。我指的是将中国近代史确定为始于 1840 年的分期，并在 1644 年到 1840 年之间留下了一个奇怪的空白的分期，这正是在提醒我们，中国人有独特的自知之明。他们寄希望于完成一部可信的清朝正史。

早在经学尚未确立的时候，一系列上古史书就建构了中国最早的制度记忆的框架。如此一来，也印证和肯定了经书的永恒价值。这一经验证实了这样一种信念，即对历史的了解是善政的关键，几乎就像说善政是历史的结果。当前中国的很多思想学者，甚至包括一些国家智囊顾问，不约而同地认可这样一个观点：历史和未来之间的连续性是常态。中国的精英们，致力于科学、金融、创业等方面，出类拔萃、脱颖而出，以使中国走向富强。可是这些精英们意识到，替换用以思想指导的经书是何其困难，也许这是不必要的。但他们似乎也意识到，除非他们切实地理解历史记载在中国跌宕起伏的历史进程中所起的作用；否则他们将无法理解这个国家所经历的变化，以及那些变化的意义。没有这种理解，就很难建立起一个让中国人引以为豪的现代化中国。

三、"民族国家"的难题

现在，中国对待自身传统的方式表明，他们不希望简单地回到过去。在这样一个国家模式繁多的世界里，中国面临如何成为民族国家的挑战。中国人知道不能简单地照搬19世纪和20世纪的西欧模式。但是，这个国家需要一个民族身份来捍卫国家主权，也需要有能力保持文明的现代公民。

1911年的民族主义革命者意识到，"公民身份"的概念是长期以来效忠于王朝国家的民众不可理解的。清朝灭亡后，民众被告知，所有生活在中国境内的人都变成了"华族"（中华民族），1949年，中华人民共和国宣布，所有生活在中国国际边界内的人，包括汉族、满族、蒙古族、回族、藏族以及五十多个其他少数民族，都拥有中国国籍。但是还有许多人怀有疑问，如何界定这样一个有如此众多非汉族的少数民族的国家。有两个例子可以大致说明这一疑虑，并提醒我们注意中国特有的情况。其中一个涉及违背大众认知能力的历史解读问题，另一个来自中国的台湾地区，那里的中国人也在思考另一个愿景。

第一个是南宋名将领岳飞。在1937—1945年的抗日战争中，岳飞再次被中国人想起，并被美化为典型的爱国英雄。几十年的抗日战争中，岳飞最著名的词《满江红》，也为众多的爱国歌曲提供了歌词素材。岳飞被描述为一个具有民族自豪感的人，他反抗官僚，与来自华北和东北的女真人（金）作战。岳飞因"莫须有"的罪名而被监禁和处决，但最终成了普通中国人心目中的英雄。蒙古人入主中原后，岳飞在民间的地位进一步上升，到了明清时期，他甚至被尊为神，受民众膜拜。

明清两朝都意识到岳飞是受民众敬仰的英雄，但是，更关注的是岳飞对宋高宗的忠贞。清朝统治者对岳飞与谁作战特别敏感，因为他们是女真族的后代，金人的军队是岳飞保卫赵宋的敌人。清朝统治者小心翼翼地转移对岳飞的敬仰，强调岳飞对朝廷的忠诚，把岳飞描绘成了保护皇帝而牺牲自己的将军。然而，这些企图并不能取代民众普遍认为岳飞就是一个抵抗野蛮"侵略者"的爱国者的观念。

随着"国"的建立，岳飞也被提升为爱国主义者。在20世纪30年代，有一场将日本人与女真侵略相提并论的运动。岳飞的"精忠报国"被蒋介石拿来作为国防号召。但是，1949年新中国成立之后，民众对他的英雄主义性质提出了新的质疑——女真族是满族的祖先，满族现在是中华民族的一部分，女真后裔也是中国人。

因此，岳飞对女真的抗争不能简单地用爱国来形容。这次对岳飞历史地位的修改，与岳飞在汉民族心目中的形象大相径庭，这一学术论断引来了许多的反对声。所以中国只好将这一话题降级为学术辩论，而不是用它来定义岳飞的国家身份。这一插曲表明，试图改变根深蒂固的传统观念，并将之转化、对应成为现代政治概念是很困难的。

另一个例子来自中国台湾。台湾的事态发展正在挑战大多数人所谓的中国人。一些不希望台湾成为中华人民共和国一部分的人坚称自己不是中国人。这些人又不得不认同，他们的国语是中文，台湾话（源自闽南方言）也是中文。但也有人呼吁"去中国化",或者背离中国的民族身份。

矛盾是显而易见的。自 1945 年以来,中文一直是台湾地区的官方和教育的语言。值得骄傲的是,台湾地区的学者、文人们,对中国传统文化的认识和理解,都非常深刻。甚至有一段时期,身处台湾的精英们自信地宣称自己是中华文明的旗手,强烈宣称自己是真正的中国人。

台湾的民众很容易将他们为构建一个新的想象中的共同体所做的努力与后殖民时代亚洲的各种国家建设相提并论。他们认为,直到 1683 年满族人征服了这个岛屿,这个岛屿才成为中国的一部分。另一方面,中国政府则视台湾为解放全中国的最后一个角落。台北故宫博物院宏伟的文物藏品,则试图以这样的方式来宣扬自己才是中华文明的继承者。

这两个例子提醒我们,"民族"是一个很难定义的词。困难之一来自大多数的外国人,甚至很多中国人都用"华人"一词来指代占多数的汉族人。但如果这种情况持续下去,那么中国的非汉族少数民族从定义上来讲就不是中国人。不过,中国政府则用"中国人"来翻译"华人",将"中国人"这个词适用于所有的中国公民(包括台湾地区)。

汉族只是中国 56 个民族中最大的一个。中国人有着共同的领土和历史,学习同样的书面语言,并有望持有相似的信仰和实践。他们被认为可能具有与其他民族国家相媲美的民族属性。

一些西方学者认为,像藏族、维吾尔族和蒙古族这样的少数民族并不像中国人;中国是一个陆地帝国,应该与其他帝国如奥斯曼帝国、奥匈帝国、苏联遭受同样的命运——在帝国终结后被

第三章　传统的断裂与重新联结

解体。这种观念表明，如果中国再次走向衰弱，就极有可能再次面临严重的挑战。

在这一章的前面，我解释了为什么一些中国人会认为辛亥革命是不够的，中国需要比辛亥革命更彻底的革命，以便适应并实现现代国家的社会转型。我作为一个在海外出生和成长的人，以及其他像我这样的华裔就很能理解孙中山和民族主义者对中国的期望。海外华人的民族国家观念尤为凸显了这样一个事实，即他们生活在别人的民族国家里，对于中国人来说，他们的"天下"观念根深蒂固。因此，当民族主义者宣称中国是一个民族国家时，一切都变得比预期的要复杂得多。

就孙中山所开创的"中华民国"而言，列强不承认其为民族国家。清朝时期的中国，对于列强而言是一个帝国，如同其他帝国一样，受自决原则的约束。在这个原则下，中国各民族有展现成为若干独立民族国家的潜力。列强的这种分裂原则，点燃了一切民族分裂主义者的欲望，他们开始辩称自己仅仅效忠清朝统治者，但他们的土地从来就不是中国的一部分。这种分裂的局势，是列强所乐见其成的。

中国民族主义领导人拒绝接受这种强加的自决权，认为中国是建立在不同的合法性原则上。他们不接受没有中国参与创建的国际体系的约束。无论是在北京、南京还是广州，革命的领导人都同意将汉、满、蒙、回、藏族的关系与"天下"的概念联系起来。在这一愿景下，他们遵循了晚清将中国表述为"五族大同"（亦称"五族合一""五族一家"）的主张。因为民族主义领导人在1911年就公开倡导，之后又不断完善这一概念，提出了"五族共和"（Republic of Five Peoples）。随后，他们进一步将这五个民族界定为"中华民族"的核心成员，其中包括了许多生活在中国境内的其他少数民族。

他们承认，这一概念不同于西欧狭义的民族国家概念。例如，孙中山认为，这种民族观念适用于那些在中国广袤的土地上进行了如此悠久的互动交流的农耕和畜牧民族。他相信，当各民族团结一致，国家更加工业化、城市化和现代化时，中华民族就可以与西方发达国家相媲美。对于民族国家这一概念的理解，在今天的中国仍然是一个颇具争议的问题。很多参与国际对话的人士承认，中国向现代民族国家的转型仍在进行中，国家的多元概念根植于皇朝国家。如第二章所述，当时的中国政府是一个威权统治者领导下的中央官僚行政机构，对于一个由具有独特文化的各民族组成的庞大而分散的社会而言，这是合理且必要的。

只要这个国家在很大程度上是由农村的农民构成，就很难不依赖这种威权专制制度。这一制度体系建立在"天道"的宇宙权威之上。天道赋予每个朝代的创立者以不受挑战的威权统治的权力。该制度建立后的一项关键改革是软化法家结构，雇用有学问的儒生来提供道德标准，并以此获得更广泛的农民认可。汉朝引入了新的考试标准，确立了精英政治的基本理念。通过这种方式，儒家学者被引入中央，为统治者提供施政建议，教育年轻的皇子，并培养未来的官员为朝廷服务。与此同时，中国人还创生出了一套优先于律法的礼制。更为彻底的是，儒家把家庭作为和谐社会的基本单位，把天子描绘成一个大家庭的主人，凌驾于人间，并掌管着一切世俗人为的制度。此外，儒家学者还会强调，"上天"仍然可以介入，作为最终的仲裁者。如果皇帝不能供养臣民或者不能守护祖先的疆土，那么这个皇帝政权就不再是合法的。因此，国家被视为"家天下"，是为维护一姓皇家的利益而施政的国家。这使得国家成为皇帝的家族王国，儒家学说也在朝代更迭中不断传播。这种有儒家管理的治理体系是为了服务于历代皇朝的不同需要而发展演变。儒家学说在每一个朝代，无论其民族渊源如何，都能使其具有合法性。因此，"天道"并不是汉族人的专利，使这一制度发挥作用的儒家学者也可能是非汉族人，所以儒家学者所做的一切，实质上并没有鼓励中国人形成一种民族意识。

这与今天的政治合法性问题有何关联呢？我们知道，虽然还有一些人认为应该保留一些儒家理想，但民族主义革命者拒绝了这种儒家秩序。于是，那些领导政治革命的人和那些认为政治革命还不够深入的人之间产生了严重的分歧：中国真正需要的是社会变革和文化变革。但是，从随后的革命斗争来看，有几个问题似乎得到了他们所有人的认可，即不惜一切代价，国家必须重新统一，恢复秩序和稳定。为了实现这一目标，国民党和共产党似乎都有了一种共同的意愿，即接受国家必须是在一个强有力的中央领导下的强大的中央权威。

如何实现这一目标，与如何使共和制国家成为可能，与构建中华民族的问题息息相关。革命精英们相信，他们可以通过比以前政权更关心的方式做到这一点。他们以"国民""公民"等新概念的名义代表了合法性。令人感兴趣的是孙中山、蒋介石等领导人，以及从毛泽东到邓小平再到当前的中共领导人如何以不同的方式支持政党国家，使之成为之前帝王国家的继承者的。这个政党国家不是西方政治学文献中耳熟能详的"一党专政"国家。

这里的政党并不代表国家的一部分,甚至不是国家的主导政党。如果有 56 个民族,而单个中华民族的思想不能完全被承认为一个民族,那么政党可以作为一个有用的替代品来充当国家统一的政治身份,即政党的民族:政党—国家。

稍后我将回到政党国家的概念上来。在这里,我要回到这个多民族共和国的起源,以及它是如何应对全球发展而演变的。满族精英和汉族文人密切合作,特别是 19 世纪,虽然他们将"满""汉"区分开来,但并不一定将其等同于"满君""汉臣民"。因此,清朝不像欧洲民族国家建立的民族帝国。西方的民族国家允许每个国家把自己塑造成一个团结的公民,可以动员起来进行民族扩张。这种统一的目的性,使得他们比清朝以及其他类似由多民族组成的帝国更具效率。

民国初期,"南京国民政府"以自己的方式与中国的过去进行了尖锐的决裂。但是,它仍然依赖于军事胜利,理所当然地认为军事胜利就足够了。然而,在国际体系中,更重要的是其他国家给予的外部承认,才能确认该政权的合法性。这是第一次革命遗留的问题,也即是 1912 年 3 月,孙中山的军队没有取得决定性的军事胜利,袁世凯也没有打赢华南战争,因此出现了僵局。对于在北京的外国大使馆而言,只要清朝皇帝还在位,就没有理由承认南京的革命政府以及其临时大总统。袁世凯代表朝廷行事,并处于强有力的讨价还价地位,要求革命党人放弃他们作为新政府的主张。在北京,袁世凯处于有利地位,完全可以迫使满族精英同意退位。

更重要的是,袁世凯控制了北京以及几乎所有的北方省份。

清朝的皇帝是蒙古、西藏和新疆维吾尔族人民共同效忠的"天子"。民族主义者希望整个清朝疆域都成为新的共和国。因此，他们意识到，保留北京作为首都是明智之举，以此确保所有非汉族领土都能被承认为中国领土。当国际社会不承认的情况下，这一点至关重要。北京的驻华大使馆对孙中山的合法性保持怀疑态度，而满族人把政权移交给袁世凯又似乎是真实的。人们开始担心，共和国权威的任何不确定性都会引发俄罗斯、英国、日本对中国的蒙古、新疆、西藏以及"满洲里"的军事干预。但大多数历史学家都承认，最重要的是，孙中山放弃了总统职位，而袁世凯接受了这一职位，这是因为中国各省的军事力量分配所致。

第四章 伟大的革命

秦汉王朝保留了由法家创造的官僚制度，但尊崇圣人孔子才是其成功统治的象征。中国民族主义者努力保护国家主权，坚守疆域边界。但到了21世纪，马克思象征着新的政党国家思想源泉。冷战结束后，中国找到了自己的发展道路，并寻求将千年历史底蕴与社会主义的未来联系起来。

20世纪的中国人，不得不面对一个艰难困苦的特殊时期。当时的中国人试图寻觅一条适合中国的救国之路。他们曾经习惯于在汗牛充栋的史籍经典中寻求答案，以数以千计的历史文献来指导他们。现在，他们面临着一套从未经历过的国际规则，一套新的繁琐的法律程序。于是，他们尽可能地坚持传统做法，也就不足为奇了。

中国需要一个新的政治框架，在这个框架内它可以实现自己的梦想。"国民党"在南京建立的政权，是民族主义、自由主义和资本主义制度的混合出现。新领导人按照孙中山的思想遗愿使行政管理趋向现代化。与此同时，一些儒家的价值观念得到了复兴。这些领导人试图融合新旧，作为制定使国家强盛的国策的第一步。

一、探索前行

1949年以后,"新民主主义"革命的胜利,宣布了一种新的社会结构,主要是工人农民出身的无产阶级成为新的主人。那时的中国,随处都陈列着马克思、恩格斯、列宁和斯大林的照片。二十年后,发生了持续不断的变革,随之而来的是数十年的混乱。"中国特色社会主义"成为中国改革的指导思想。然而,这究竟是一种什么样的社会主义,并不是那么显而易见,于是中国提出了"摸着石头过河"的探索之路。历史实践证明,中国人务实而谦虚的艰苦探索,正使得这一目标逐渐清晰而明朗起来。有中国特色的社会主义改革,重新唤起了中国人对社会主义的坚信。越来越多的学者们,使用了不同的标签来描述中国正在发生的事情,其中大多数标签,是将社会主义与某种形式的市场工业主义相结合。改革的艰辛实践以及一如既往的持开放态度,也许这就是中国的社会主义之道。

(一)革命的希望

在翻译现代革命理念之前,我又回到了中国传统语境中的"革命"这个词上。在中国人的语境中,它代表了正义内战的合法结果。这个词后来扩展到包括非汉族征服者,比如蒙古人战胜了汉族统治者,接受了统治中国北方地区的"天命"。到了14世纪,明代历史学家不得不重新思考,这一理念是否适用于蒙古征服者。如果承认了其合法性,也就变相承认甚至夸大正义胜利的最初理念,而正义胜利是会被赋予统治的使命。

元代史学家早先通过编纂契丹辽朝和女真金朝的史书（包括正史）和宋朝史书一起编纂，以此来模糊这一问题。然后相当敷衍地编纂类似的史书，以涵盖蒙古元朝时期。这表明，国家正史与其说是弘扬正义的天授使命，不如说是传递值得记录的政策和制度。史学家为了填补宋明之间的空白，尽职尽责地选择忠实记录蒙古的统治。当满族取代明朝时，他们也作出了同样的选择。在这里，参与其中的汉族官僚更加认真地教导监生（未来的官员）正确的历史教训，并付出了巨大努力，以此给后人留下了丰富的历史考据。

"革命"并没有受到清朝人士的关注，它已经成为一个具有历史意义的术语。因此，当日本人用这个词来翻译现代革命理念时，像孙中山这样的"起义"领袖很快就看到了"革命者"的新概念可以如何应用于他们的现代革命事业，并可以将"革命者"这个词所描绘的正义和授权的事业联系起来。通过将起义等同于革命，民族主义者从"反对帝制国家"向更高的政治目标发展，开始从国家的视角来思考问题。

以孙中山为代表的革命者们很快意识到，这不是一件直截了当的事。尤其是关于权威的归属，人们开始产生巨大的困惑，是袁世凯担任总统？还是由各省代表组成的国民大会来代表最高权力？在一片混乱中，议会于1914年解散。民族主义者撤回南方各省，转而求助于地方军事力量，以此来抵抗已经瓜分了北方主要地盘的强大军阀。这就像又回到了棒球场，是必须通过获胜来争夺统治权的战斗。"革命"这个词获得了真实的品质，它可以用爱国换一个进步的未来，同时帮助中国领导人重新与他们的政

第四章 伟大的革命

治传统建立新的联系。这一双重目标描绘了新的现实，即政党提出了能够决定权力解构的原则，这是鼓舞人心的。

孙中山走过了漫长的道路，他首先呼吁传统秘密社团和他的基督教朋友，并寻求志同道合的知识分子和学生积极分子等活动团体。随后孙中山变得更加兼收并蓄，开始求助于欧美和日本的模式来寻求良好的政治盟友。他决心不再恢复任何形式的君主制，他的同僚都不会考虑皇帝的存在。因此，他可以自由地考虑什么样的政党和领导才能拯救中国。孙中山作为民族主义者的资历是毋庸置疑的，但他如果没有一支军队来支持他实现革命的目标，那是远远不够的。事实上，没有革命党的军队也是一种负担，因此从支持者那里获得的革命经费也往往浪费在由前清军队构成的士兵身上，这些前清士兵是不可靠的。第一次世界大战后，是孙中山革命生涯最低谷的时候，他很快被俄国革命的成功所吸引，他看到了一个新的探索开端。

孙中山对马克思主义并不感兴趣，也不相信列宁对俄国马克思主义的解释会适合中国的的国情。但令他印象深刻的是，布尔什维克党能够利用他们控制下的力量夺取政权，然后击退派去摧毁他们的外国军队。当莫斯科派代表建立联系时，民族主义者认为，如果他们有任何成功的机会，他们将不得不做类似的事情。当时的革命党人接受了苏联的建议，重组了国民党，并请苏联专家帮助训练了一支政党军队。他们甚至允许中国共产党员加入国民党。这样就产生了政党的军队，奠定了中国政党国家的基础。孙中山的追随者于1928年在南京成立了中国国民党改组同志会。那时，外国势力在中国的合法化显得十分容易。军阀的无政府状态已经破坏了这个国家的稳定，以至于即使是西方驻北京的大使馆也准备给国民党一个机会。在他们看来，蒋介石的军事胜利足以赢得他们的认可。

对国民党来说，不幸的是，他们控制中国的能力仅限于东部和中部省份，但是党内分裂严重。蒋介石成为了国民党军队领袖，南京政府也只获得了中国西部和北方军阀名义上的效忠，南方诸省的军阀们也只是口头上支持国民政府。此外，在北伐战争过程中，国民党转而反对他们的共产党伙伴，这就使共产党人在接下来的二十年里成为他们的政敌。通过北伐战争的军事胜利，国民党已经满足了政党合法性的条件，但它并不想要一个天赐的皇帝，也不接受军阀的统治权。

鉴于蒋介石的政治资历薄弱，在党内声望低，在随之而来的党内斗争中，他曾试图扩大对国家事务的控制，因此被民众称为独裁者。随着时间的推移，蒋介石的反对者，开始以"党天下"取代了"家天下"来嘲讽南京政府。在当时，这样的称呼可能无关紧要。政治磨合过程使得这一种嘲讽变得合法化。当中国共产党及其人民解放军领导了第二次革命，取代国民党时，轮到中国共产党建立自己的政党国家。这是一个重大的历史变革，因为中国共产党领导了一场旨在赋予人民社会正义的社会政治革命。在国民党刚刚退守到台湾后，这种将正义联系在一起的说法得到了大多数中国人的认可。虽然对此众说纷纭，意见不一，但新中国的第一个十年被普遍认为是成功的。然而，最令人信服的合法性，来自在中国经历了38年的混乱之后仍能重新走向统一。此外，这一新民主主义革命开创了建立了一个统一的国家，这是很多中国人意想不到的成功。

从 20 世纪 30 年代以来，大多数中国人开始对日本的侵略产生了强烈的民族主义情绪。这使很多人相信，中国可以作为强大的政党国家。那时的中国人，期望能建立一个可与皇朝国家相媲美的长久不衰的良好政治制度，一个能够给中国带来富强的制度。这在很大程度上将取决于中国共产党如何进行自我改革，以满足这种日益高涨的民族意识。耐人寻味的是，鉴于中国在试图塑造一个统一的中华民族所面临的困境，一个团队、纪律严明的民族政党，从最优秀、最开明、最进步的人群中招募成员，并逐步成为这个国家的代表性机构。如果遵纪守法、廉洁奉公的精英统治可以持续下去，政党就可以成为决定国家质量的权威。这就使得人们不禁要问，作为代表中华民族的政党，能否创造出一种不仅不同于中国人过去所知的文明，也不同于世界其他国家可能期待的文明。

（二）新的社会基础

与此同时，中国人在探索走向一个主权的多民族国家时，面临着这样一个严峻的挑战：如何成为现代文明的中国人。在这里，中国人遭遇了一种将"文明"视为教化世界福音的"使命"观念，这种观念挑战了视文明为共享遗产的传统观念。在"文明意味着使命"的观念和"天下为公"的理念，与一个人人共享的世界之间有着很大的差距。

学术著作可以帮助我们更好地理解，追溯人类是如何以不同的方式走向文明，了解到是如何从古代发展到现代的。正是在18世纪欧洲启蒙时代,"文明"一词追溯性地用来强调从古埃及人、古巴比伦人到英法北大西洋的成就。"文明"这个词的引入是为了衡量人类成就的更高阶段,特别是指城市生活带来的发展。从那时起,它就获得了多重含义。

中国人在翻译基佐的《欧洲文明史》(History of Civilization in Europe)时引入了日本人使用的"文明"的概念。梁启超、章炳麟等学者也被西方文明国家建设的成就所吸引,他们对现代人寻找客观标准来衡量文明与否的做法印象深刻。这包括文明国家变得强大是基于人类设定的标准观念。像日本人一样,许多中国学者受到启发,开始重新审视他们作为共享文明的那部分,即使只是为了确认自己也是"文明"的。这也使日本和中国走上了不同的道路。日本人看到中华文明处于衰败状态,转而向西方学习获取国家富强的秘密。中国人认识到西方国力更强大,政府组织更完善,但中国人选择只学习捍卫和改革他们所拥有的独特的文明所必需的新事物。

如果探求"文明"和"使命"这两个词的根源,会发现很有趣。西方文明描绘了公民国家在城市生活中汲取灵感的成就,这与商业和工业城市的联系仍然是其主要特征。在这里,我们必须承认日语在寻找汉语词汇来表达西方词汇含义方面的技巧。通过使用"文明"这个词,中国人确定了"文"是迈向文明的关键,在商周时期用这种观念奠定了持久的文明基础。

对识字扫盲的重视,使得中国人提升了那些强调农业家庭价值观的学者的成就。这些人以服务国家和社会的方式成为了中国古代文明思想的核心。时至今日,现代社会已经深深地受到了城市多重角色的影响。随着城市的发展,"文明"的使命伴随着欧洲帝国的政治和经济向外扩张。相比之下,一个有文化的传统农业文明使中国人采取了防御性的保守姿态。文明不是一项使命,而是一种更珍贵的遗产,它的某些部分可以通过新的思想和制度重振旗鼓。在现代语境下,巩固国家,加强国家建设,统一中华民族,将成为中华文明新的基本要素。

中国领导人对于是否可以将"文明之争"与建设新国家的努力分开而意见不一。例如,梁漱溟在《东西文化及其哲学》中就提出,必须采取一种整体性的方法。许多的中国人也寄望,在西方文明的启迪与鼓舞下,民族国家能够重振传统;但是,在另一个极端,年轻的激进分子拒绝了与腐朽价值相关的观念:如果传统文明不能拯救中国,就应该果决抛弃它。

"以阶级斗争"的名义摧毁传统的运动源于这种激进观念。强调创造新的社会主义的人,是假定在获得政权后,进步的文明就会随之而来。这就是为什么中国从1949年到1980年代早期,中国不仅批判封建传统,而且谴责资产阶级和世界主义者的价值观念。到了20世纪60年代,中国以"反修正主义"的名义拒绝了前苏联的意识形态。中国先后否定了中国封建思想、美国资本主义思想、苏联修正主义,而选择了理想中的工农兵价值体系。

值得注意的是,在改革开放期间,中国人迅速地关注有关"文明"的话题,并出版了大量关于建设现代文明的著作。如今,中国人的大部分争论,主要集中在寻找祖先和外国标准的智慧来重新开始,或是建设一种只能有选择地从中国传统中汲取智慧的"社会主义精神文明"上。

中国人开始意识到，全球市场经济中的共享为他们提供了新的社会价值观和更强烈的公共责任感。中国人开始重读马克思主义经典著作，重新解读人民、主权、平等、自由的理念，这些理念也是全球秩序和道德合法性的核心。

很明显，现代中国文明的新形态正在形成。这种变化的一个重要表现是不再把文明看作是整体的，而是承认它有许多部分和层次。例如，政治文化仅仅是民族文化的一个方面。无论是精英阶层还是工人阶级的城市文化，都比依赖传统农业的土地文化更具多样性，新的职业和创业文化正在以新的、意想不到的方式迅猛发展。显然，随着中国对外开放程度的提高，那些吸引年青一代的流行文化正在兴起。所有的这些新兴文化不再像过去那样被单一的正统政治文化所支配。

甚至政治文化本身也在发生变化，中国正身处于一个比以往任何时候都更加开放的世界，并从中获得稳定发展。在一个多元化和全球化的世界里，新一代中国人将接触到许多不同的现代文明资源。中国人已经从以传统的土地为基础的观念中解放出来了，并对工业和城市社会共同的流行文化作出回应。以城市为中心的世界性文化正在增长，这也反映了新的商业以及工人阶级的需求。中国人意识到，在政治管理观念中，必须迎来新的治理观念和治理艺术。

（三）对"中国特色"的认识

改革开放初期，中国称自己正处于社会主义初级阶段，而且将是有"中国特色"的社会主义初级阶段。中国开始把建国初期三十年的政治动荡和经济困难暂时放在一边,并总结历史教训,承认自己短暂的迷失了方向,走上了一条不切实际的道路。"大跃进"过早地结束了向社会主义的过渡,中国再次回到了马克思主义的论断,即资本主义是实现社会主义的必经阶段,同时又超越了这一点,强调了资本主义的过渡性和中国特色。这就要求实践者"摸着石头过河"。用过河作比喻,这表明当时的中国人尚不确定对岸是什么。其实,从张之洞、严复、康有为到孙中山等早期思想家都强调:无论中国要取得怎样的进步,都不应该以牺牲中国身份为代价。虽然"中国特色"不同于民族主义,但它同样是对文化信仰的呼唤。

或许,大多数的中国人对社会主义的新理解,是经历"文革"后,中国的大部分历史,即使没有被摧毁,也已经被扭曲了。中国人意识到,受西方思想和经验启发下的社会主义新愿景必须加以修正,如此才能在中国获得成功。中国人不应该简单地模仿其他地区已经取得的成就。中国的社会主义新愿景必须与中国文化相结合。

如今,中国继承了向全球经济开放的政策,这些政策创造了使中国繁荣的条件,让中国重新展现在世界地图上。与此同时,因为开放的系统里难免会有疏漏,这也导致了在某些领域的腐败和纪律涣散。中国在继承和发展诸如"三个代表""和谐社会"等思想之后,开始治理腐败问题。前者是隐含的社会主义,强调生产力,强调先进文化,强调关心大多数人的利益;后者联系到儒家价值观,尤其是"八荣八耻",儒家的价值观念变得更加明确。

尽管有这些规劝，但是如果一些官员还是利用漏洞，富人变得为富不仁，那么社会主义又该如何应对？虽然没有人声称中国过去的一切都是可取的，但其中肯定有可以拿来启迪今人的东西。也许并不是所有的腐败都应该归咎于旧中国的封建流毒。具有资本主义特征的开放市场经济，同样造就了今天超级富豪与其他人之间的巨大差距。如果资本模式正在破坏社会主义的善愿，那么中国特色的社会主义能不能不受其影响？

虽然有很多批评人士迅速捍卫中国的儒家思想，但并没有简单地找到答案。于是，中国开始求助于马克思思想的最初灵魂，强调"初心"。中国避开并超越了列宁、斯大林走过的道路，通过强调马克思世界观和分析方法的重要性，放下制度包袱。最重要的是，马克思代表着进步的思想，这是一种来自启蒙运动的现代输入，给一代又一代中国人留下了深刻的印象。

中国的现代化，始于重建一个统一的国家。那么倾向于社会主义的人进一步认同，中国必须有一个强大的民主集中制政府，这也许是中国传统最持久的特征。在中国历史上，这种对连续性的态度，一直期待有着一个拥有强大领导人的强大国家。中国人总结说，中国的社会主义道路必须与中国过去的历史经验教训相联系。只有认识到这些教训有多么重要，中国才能自信地前进，并设计出自己想要的现代国家。法国人有这样一句名言：世道变化越大，越要多准备些不变的食物。中国则不一样。他们认为改变是不可避免的，因此准备好了一生中可能发生的几次变化。当这样准备时，他们寄望每一次改变都不会摧毁那些具有永恒价值的东西。如果这些东西得以保留，变革会让新的肌体变得更为强壮。

在中国传统中,注重"知"与"行"的合一。关于"知行合一",明朝大儒王阳明曾经主张过,后世提出的"行而后知"看起来似乎比"知而后行"更安全,更保守。从这一点来看,中国人很清楚现在什么该做、什么不该做。另一个传统观念,可以追溯到孔子的"述而不作"。这是在传承传统,而不是在创新。换而言之,孔子没有宣称自己的思想是创新而来的,也没有发现新的知识,而只是把前人的智慧和知识传递给后来的人。如今,中国人似乎非常注重借鉴过去的经验,让子孙后代学习:只有先继承,才谈得上在此基础上的创新。

中国特色社会主义,是与中国历史相协调的现代经验不断积累的产物。与此同时,中国人像对待孔子那样,将继续继承马克思的智慧,并进一步明确未来的愿景。社会主义可以在理性和纪律上表现出"刚"的一面,在对待传统与发展目标上表现出"柔"的一面,刚柔并济。一个知道如何把过去和未来的愿景联系起来的强有力的领导人所塑造的社会主义,像极了中国历史上的大同社会。

二、中国读书人的传统与转型

"中国梦"有望走上一条中国人民为自己建设的现代化道路。在这样的旅程中,中国人过去一直受到圣人经典的指导。这些经典指导着他们的道德判断和社会实践。而且,最重要的是,统治者依赖于精心挑选的士人文官群体,他们被选为所有国家记录的守护者和解释者。为了始终如一地做到这一点,皇帝允许高级官员控制选拔和培训的过程。

直到今天,中国从政者也不断被告诫要求达到更高的能力和廉洁标准。中国人并不缺少历史经验,同时似乎拥有更多的历史教训,所以将过去的执政经验和现在中国提出的愿景联系起来,其实并没有想象中的那么困难。

振兴中国,并不是为了复兴过去的文人,也不是为了复兴曾经的思想。儒家士人和他们的大家庭是一种独特的考试制度的产物。这种考试制度用于选拔有资格的人担任公职。儒家文人早在11世纪,就作为一种新的非贵族精英出现,当时理学经典作为官方文本,用于培训公职候选人。年轻的儒家文人接受的教育核心是孝顺家族,并期望忠诚地服侍天子。然后,成功的候选人和他们的家人就会享有广泛的特权。

士人是一个坚韧不拔的群体,精神上保守,但准备好接受各种未知的挑战。如果有必要的话,可以重新定位。他们在13、14世纪的元王朝的统治者下得以幸存,成为构建明朝的堡垒,但也很快适应了清王朝的另一个异族统治。19世纪,面对西方列强的海上攻势,儒家文人的广泛共识和信心受到严重动摇。直到1905年,清朝废除科举考试制度,他们的地位才受到严重的削弱。

在20世纪,幸存下来的儒家士人为了保住自己的地位,又努力奋斗了十年。但在现代学校里接受新式教育的年轻一代,最终彻底摧毁了这一共识。新的政党制度开始建立新的意识形态,以此来取代儒家皇朝思想。那些幸存下来的儒家士人,加入了一个的阶层:知识工人阶层,并又迅速地适应了为政党国家服务的新方式。

如今，这些知识工人群体，无论是在公共服务、大学还是研究机构，或者是在媒体上，都开始认同未来的共识应该是有中国特色的。尽管这些儒家士人可能仍然在具体应该怎么做上存在分歧，这一过程并不新鲜。在公元1世纪的汉代，接受儒家思想后几个世纪里，才逐渐摸索出一个持久的正统的轮廓。

今天，最有启发性的是，中国领导人对全球发展会作出多大程度的积极回应。与20世纪前三代人一样，中国人关心的问题始终围绕两大主题：面对来自欧洲强大的现代化冲击，传统中国的哪些部分可以生存下来，以及中国如何将新的法律价值观念融合到中国特色社会主义上。在一系列冲突的阴影下，随着思想辩论的继续，出现了新的群体，他们的教育、选拔和奖励结构让我想起了过去的儒家士人精英，充当国家的卫道士。

（一）恢复精英制度

拯救中国最优秀传统的愿望似乎又重新抬头。两个特别值得关注的领域是，与社会主义制度中的精英相比，儒家中国的精英制度是如何运作的，以及儒家精英们是如何处理一个从伦理准则的中心地位转变为致力于法治社会的问题的。随着中国继续走自己的现代化道路，这两个问题都将十分重要。我将从它的精英管理经验开始论述，然后转向中国努力摆脱其法家传统，学习一个越来越受世界青睐的更广泛的法学框架。

把士大夫置于农、工、商三类之上的社会结构，是建立在接受智慧的优越性之上的。直到20世纪的头几十年，这种信念一直没有动摇。数以百计通过日本研究西方思想的学者，继续为每一个传入中国的新制度或新发展寻找中国根源或类比。20世纪初诞生的新群体，特别是那些也曾在欧美学习过的群体，从对文化的关注转向专注于建设一个强大的国家。他们所寻求的共识是如何用现代政治方法和制度使中国繁荣富强。

人民的知识基础扩大了，特别是在自然科学方面，这是西方优越的秘诀。此外，对所有与腐朽的过去有关的价值观都进行了系统的质疑。许多文人家庭通过筛选他们的传统，来寻找仍然适用的智慧财富，努力抑制变革的压力。他们坚决主张不破坏中国文明。他们希望，利用最好的科学方法，来重振古典文化，从而给巨变的中国提供解决方案。但这样的人越来越老，越来越少。年轻人不耐烦，争先恐后地反传统，抛弃一个"失败"的文明。

中国发展的道路没有什么是不可避免的或是预先确定的。这包括引进西方文明，每一个发展阶段都是为了应对考验中国适应能力的新情况。中国人转向苏联，离开了自由资本主义的西方。全球化的力量要求有更好的适应和准备。幸运的是，到了20世纪90年代，关于历史根源重要性的文章和书籍大量出版，这些研究范围超出了中国，包括对最深奥的学科的研究，从古代语言、考古学、宗教和文学的起源，到对世界各地流行文化和另类文化的讨论。

尤其是对现代文明的兴趣是无止境的，回忆起20世纪20年代，当时大量的中国年轻人试图了解胜利的西方文化。20世纪80年代的不同之处在于，学生人数更多，来自世界各地的价值观传递速度令人振奋。从那时起，每年发表的数千项研究也提出了中国应该培养哪些文化价值观的问题。

然后是民族主义的回归。随着中国年轻人放弃维护中国道德秩序的想法，民族主义情绪日益高涨。无论是针对西方帝国，还是专门针对日本，这对那些目睹了自己国家的断崖式衰落并感到自尊丧失的人来说，都具有立竿见影的吸引力。这比"天下"这样复杂的古老传统和文明概念更容易理解。因此，回应西方民族帝国的权力和财富被视为答案。

革命精英可以通过其政党国家汇集一整套系统的思想。他们可以重建其意识形态，以取代皇朝国家的意识形态。人们普遍认为，政党国家可以结束所有分歧，随之而来的是一个统一的民族国家。从那时起，合法性的标准就是基于它是否有能力兑现承诺，发展国家的经济，实现大多数中国人想要的小康社会的初步繁荣。为此，国家又一次开始培养为国家发展服务的现代文人。

在资本主义工业化的背景下，国家需要的是能够为经济增长做出贡献的人。当务之急是恢复国家经济的健康。因此，当考试制度恢复时，当务之急是对被送到农村的迷失的一代年轻人进行再教育，并让所有教育中断的人都能开始接受教育。对于这种与中国历史上"学而优则仕"类似的做法，大多数人反应迅速。关键是一种从考试开始，然后持续不断地进行绩效评估的精英制度。最可靠的是科学技术领域使用的标准和专业学校使用的标准。与过去不同的是，现在的重点不是培养经史兼修的人才，而是专业技术和专业技能。同样与皇朝国家不同的是，只有在质量控制和思想整合的体系中，才有许多可以与儒家国家的历史制度相媲美的特征。新的文人群体可能会有很大不同的演变，但如果他们能像过去的文人官僚一样有效和有弹性，他们在国家和社会中的作用可能是强大和持久的。

（二）中国人的法制观念及面临的挑战

让我们再次回到近代中国历史的断裂。清朝末年，中国面临着巨大的压力，要求建立一个与西欧法律相当的宪政国家。有关官员奉命修改清朝的法典，其依据是礼制和规范的至高无上，以便与传承于法家的法礼统治传统相一致。最简单地说，礼是从关系的等级制度中获得正当性的，而法则强调法律面前的平等。这对中国的核心思想和实践是一个非常困难的挑战。

20世纪初，当沈家本、伍廷芳等法律改革家遭遇同事们的强烈抵制时，将重心转移到法律上的责任，才得以被接受。由于种种原因，即使他们成功地将刑法和民法典分开，也只是部分的。特别是，影响到与大家族有关的根深蒂固社会规范的民法被证明是无效的。幸运的是，商法的重要性得到了认可，并在一段时间内为中国企业家提供了宝贵的帮助。20世纪的上半叶，中国人很少注重进一步发展法制。民族主义者被战争困住了，他们深信，现有的法律只为封建阶级和资本主义阶级服务。当他们亲身经历滥用职权时，开始强调要回到社会主义法治观上来。但是这隐含着与儒家治国理念相联系的人治的对比。当然，德高望重的儒家所说的人治，与无视法律和天意的无法无天的人治大不相同。中国人寄望建立一个新的尊重法治的法律机构。

这个问题并不新鲜。从秦汉以来，法律规范的范围和相关性如何解释，一直是一个长期存在的治理问题。在使用法和强调礼之间，争论已经持续了几个世纪。但是，自宋代以来，儒家正统思想盛行，礼治至上思想被广泛接受。这确实是自19世纪末第一次鸦片战争爆发以来，英国和清朝之间数十年的贸易关系紧张的根本因素。这导致英国和其他外国商人在中国领土上被区别对待。正是为了摆脱这种不对等的状况，晚清被迫用新的适合宪政的法律来取代他们的法典。很明显，一个薄弱的法律制度不一定是能负起全部责任，但也可能会带来好处。当无视严格的法律和随之而来的官僚程序是可能和可以被接受的时候，其结果往往会使商业能够更快地发展。一旦人们知道司法系统是效率低下的，或无法维护公正，台面下的交易就活跃起来。贸易和工业从改革中受益的惊人速度，只是证实了这个国家的当务之急并不是完善法制。显然，急于发展经济不能等待，完善法制可能需要更多时间。

　　大多数人都意识到，腐败现象与令人印象深刻的增长速度并驾齐驱，但无力阻止这种情况的发生。中国再次强调法治的必要性。在法律框架薄弱、司法官员可信度很低的情况下，这只不过是一厢情愿的想法。矛盾之处在于，只有强大的执行力才能使法治进程成为可能。如果在此期间，对法律机构的尊重得不到恢复，这种悖论可能会膨胀为矛盾。

　　一个多世纪以来，中国的法律改革史是一部充满希望和阻力的历史。在此期间，中国一直受到巨大的国际压力，要求其采用欧洲、日本和美国设计的法治模式。为什么在都认同中国急需法制的情况下，改变会如此困难？快速回顾一下法律概念背后的不同前提可能会有所帮助。

中国和西方法律体系之间的距离一直令人遗憾。它始于英国不再准备用中国法律来惩罚英国臣民的时候，这个问题成了英中战争的焦点。尽管中国在英美和其他欧洲法律学者的帮助下，在过去的一百年里对其法律体系进行了改革和现代化，但这一鸿沟依然存在，并继续加剧着潜在的信任缺失。中华人民共和国同样面临这个难题，在国际交往当中，这个难题不断出现。

当西方列强明确表示他们的法律理想是为了涵盖文明国家之间的关系时，这个问题变得很敏感，而中国被发现是不够的。这一分歧源于欧洲的假设，即国际法建立在共同的基督教遗产之上。中国几次失败后签订的条约导致了西方列强和日本的治外法权。这些做法，其实质就是羞辱中国是如此不文明，以至于保护文明人的规定是必要的。100 年来，削弱中国主权的一系列做法一直是中国民众内在愤怒的根源，影响了中国对西方迄今为止所有法治提法的态度。

中西对法律作用的不同重视有着深刻的历史根源。它源于关于人与自然关系的不同前提，源于那些从信仰多神教转变为信仰一神教的人，以及那些活在不信仰任何神的世界观里的人。信奉唯一真神集中在地中海地区（在犹太人、基督徒或伊斯兰教信徒中），而宗教混合、不信奉唯一真神的主要地区是东亚的中国文明圈。

追溯到很久以前，有意义的是，虽然观念上有很大的差异，但敬虔和不敬虔的传统都尊重法律的作用，尽管它们各有不同的方式。毫无疑问，确保秩序需要依靠法律，特别是政治秩序所需

第四章　伟大的革命

的控制。无论法律涉及私人和家庭事务，还是民事和刑事法律的主要种类，所有当权者都非常重视制定这些法律，以此展示什么是公平和最有效的。欧洲和中国的统治者都密切关注与治理相关的法律，特别是他们与臣民的关系。

他们各自的传统显著分离的地方是他们的统治者将他们的法典制度化的方式。欧洲人认为法治是高于其他统治的更高原则；它被超自然力量神圣化，因此神圣不可侵犯。这一想法产生于部落组织遵守的习惯法，以及君主国家或王国颁布的皇家和教会法。随着时间的推移，它们被扩展到更大的政治单位，如民族国家或帝国。因此，法律是所有治理的核心，无论统治者是强者还是寡头集团，还是民主选举的领导人，法律都是坚定不移的。无论他们是谁，无论他们来自何方，他们只能通过被视为上帝法律一部分的规章制度来统治。此后，这一法治概念遭到人们质疑：在上帝眼中，什么最适合那些平等的人，这导致人们要求法律保护人们免受滥用权力的统治者的侵害。

关键是，在尊重法律的背后是宗教教义和教会。在某些情况下，神的法律甚至有权将最强大的领袖送进地狱之火。当这种权威随着宗教改革而改变时，基督教欧洲仍然坚持认为每个教堂都体现了上帝的法律精神。当希腊罗马时期的经典在文艺复兴时期获得新生时，这种古老的学问激起了教会内部的反抗。新教徒重新解释了他们的传统，并提供了新思想得以发展的条件。因此，怀疑主义、理性主义和科学思想的出现使得人们对过去的假设产生了强烈的质疑，最终导致了世俗主义的世界观。

西欧很大程度上摆脱了由教会决定的观念，转而制定被称为理性和现代的法律。这见证了一个强大的法律体系的开始，在这个体系下，统治者放弃了大部分权力，以便他的臣民有更多的发言权。当然，谁真正有发言权是另一回事。英国人花了一百多年才让普通男人拥有选举权，而女人直到 20 世纪才得到她们的选票。英国人对这种发展速度毫不愧疚，他们认为只有那些拥有财产和受过良好教育的人才应该被允许投票。

然而，人们可以控制自己命运的原则得到了证实。在某种形式上，敬畏上帝的人和有理性科学头脑的人都自觉地遵守法律。即使这些法律显然是人为制定的，可以由国王、法官或民选立法者残酷地执行，人们仍然理解，这些法律制定的背后是一种更高的精神。这种信仰赋予了法律特殊的道德地位，并将法治置于西方政治文化的核心。简而言之，统治者总是服从上帝的法律。

相比之下，中国人也早就承认法律应该得到尊重，但法治的理念只是含蓄的理解。每个人都意识到法律要求绝对地服从，这类似于害怕统治者的愤怒。战国时期，秦国赋予了这些严苛的法律以中心地位。制定这些法律的法家使秦国能够打败敌对国家，并利用法律在各个方面控制、支配。人们所理解的，有时也说得很清楚的是，统治者总是会运用法律来维持权力。

从公元前 5 世纪到公元前 3 世纪，严法统治使国家强大的思想吸引了许多征伐的君主。这导致他们质疑周朝的礼乐文明，即善政来自传说中的黄金时代的模范统治者，他们体现了一个原则，即统治权必须用道德来定义。在这种情况下，合法性通过表明统治者接受了天命的仪式得到确认。秦国的统治者则不然，他

第四章　伟大的革命

们重用法家，他们认为权力依赖于通过严苛的法律进行全面控制，最后摧毁了所有的对手，建立了一个新的王朝。新皇帝确保每个人都知道他凌驾于法律之上，他的法律必须得到遵守。

这项法律是一项革命工具，用来摧毁一个古老的政权。然而，法家对传统道德和社会规范的排斥是如此极端，以至于人们揭竿而起，很快汉朝接管了帝国。汉统治者改革了皇帝的国家制度，并尝试了其他的思想，但他们保留了秦始皇的法律体系，这些法律体系引导着中央集权的官僚机构，并引进了非法家来管理帝国。汉朝的第四个皇帝——汉武帝，随之委托儒家学者平衡严酷的法律和他们的道德理想。孔子的著作曾被秦朝焚毁和禁止，现在他的门徒可以践行他们所传承的学问。

此后，汉人的理想是在儒家经典中教育统治者，这些经典颂扬统治者要以因其学识和道德原则而选择负责任的官员。法律制度已不再是先锋队，而是保留在那里，供儒家学者在必要时使用。这奠定了帝国统治的基调，甚至在 5 世纪和 6 世纪的汉族部落继承人。到了唐代，儒家的道德智慧又对法典进行了修改，明清时期对法典进行了进一步的修改。简而言之，根植于儒家仁政的法律为帝国国家提供了至少 1500 年的基础。

如前所述，自第二次世界大战结束以来，以世俗形式存在的神圣法成为欧洲、美国及其盟国领导的普遍世俗主义的核心。相比之下，中国的文明思想是特殊的，指导其现代化进程的法律是在自己的框架内运作的。这个国家已经准备好学习甚至采纳西方的法律法规，但也希望重新与保护其祖先遗产的道德原则联系起来。

这提醒我们，今天的法律不仅是一个适应中国使用现代法律的问题，也是中西关系紧张的根源。西方国家的法律扩展到适用于所有国家间关系的法律，他的规范性使用仍然是一个挑战。中国领导人密切关注这些法律机构在国际关系中的工作。他们特别指出，这些机构为何无法阻止两次摧毁欧洲霸权的战争。这使他们认为，这一制度并不公平或不稳定，可以加以改进。

自1945年以来，中国见证了美国和苏联两个超级大国的崛起。他们不将其视作是对立的意识形态，而把他们看作是权力体系。几十年来，他们一直在努力决定应该追随哪一种意识形态。第二次世界大战后胜利者建立的国际组织也受到了审查。中国把联合国组织视为确保和平的资产，希望在其中发挥重要作用。联合国在使非殖民化进程中新兴国家能够积极参与世界事务方面的作用给他们留下了特别深刻的印象。

然而，不同的法治传统仍然是理解的障碍，特别是在中美关系中。也许现在只是出于历史的考虑，使美国向中国介绍了国际法的价值。美国通过1836年出版的亨利·惠顿的《国际法要素》，展示了如何利用法律保护弱国的利益。当翻译成中文时，这本书教会了清帝国掌握公法的重要性（公法学说盛行于文明强国之间）。

尽管中国在联合国安理会的特殊地位令人放心，但中国在国际机构中并不总是安全的。美国竭尽所能将中国排除在联合国之外，而当这一做法失败时，似乎总能找到法律理由让中国处于守势。几十年来，中国领导人一直坚信，国际法并不是西方所宣称的普遍和神圣不可侵犯的东西，而本质上是一种政治工具。对他们来说，这并不奇怪。他们可以理解这一点，因为在政治上使用法律符合中国的传统。

历史告诉中国人，法律必须是可执行的，只有强国才能执行国际法，这也符合他们的法治实践。在法治不依赖于执行律师和法官团队作出的决定，而依赖于正义感、公平感和良好行为的地方，很难看出美国人和中国人何时何地能够发展共同的法律价值观，从而使这一点成为可能。

简言之，1945年后发生的一系列事件在中国人心目中凸显了国际法是强权政治的工具，中国需要认真研究国际法，确保其利益得到保护。这符合中国自己的理解，即法律是人为的，以服务于制定者的利益。如果同意，当条件改变和现有法律过时和无用时，主角可以协商修改或替换。至于平等民族国家间关系的国际法，如果不是任何霸权国家利用它来压制中国，中国领导人可以接受。

第二部分
超越梦想

第五章　漫长的全球化历史

20世纪的两次世界大战给这个被西欧统治了至少两个世纪的世界带来了极大的混乱。1945年后的胜利者试图建立新的世界秩序，一个超级大国在欧亚大陆的中心，另一个超级大国在大西洋的另一边。当苏联解体，美国胜利时，在世界历史上第一次出现了前所未有的新格局。中国如何应对这个新的"天下"？

中国是亚欧大陆的古老文明，与其他两种文明都有着数千年的历史。这两个分别是地中海文明和印度文明。这三个文明都是在长期的历史演变过程中，由多种文化的融合发展起来的。尽管它们在大陆边缘发展得相去甚远，但居住在大陆中心地带的人们的流动，使它们之间始终保持着某种联系。我已经在其他地方讨论了三个悠久文明的起源。在欧洲人横渡大西洋之后，全球出现了一种新的视角，在此，我将简要地把这三个文明地区，将他们置于旧世界全球化的背景下。在那之后，我将转向中国，看看它是如何调整自己在当今世界历史上的地位的。

旧世界全球化的历史，包含了强大的经济和军事体系为谋求统治世界所做的各种努力。这种"全球化"的努力局限于欧亚大陆的某些地区，这些地区的运输技术使不同文明能够相互接触。就中国而言，有记录表明，很早就有与波斯、亚历山大和莫里亚等帝国的贸易和移民往来，包括罗马帝国与汉朝之间的联系。这些接触主要是通过陆路进行的，并向东延伸，穿过印度洋到达中国海。那是第一阶段。

第二阶段是在7世纪和8世纪，中国遭遇到中亚伊斯兰的扩张。伊斯兰的千年扩张，始于阿拉伯军队征服北非和伊比利亚半岛，后来进入中亚并威胁东欧。伊斯兰的扩张改变了欧亚大陆的政治格局。在此期间，他们的中亚的皈依者加强了地中海和印度洋之间的联系，极大地刺激了中国的海上贸易。

第三阶段从欧亚大陆的另一端开始。成吉思汗领导的蒙古人突然从中亚发起攻击，威胁要征服世界大部分地区。这对他们所有人来说都是一次痛苦的经历，尤其是蒙古族统治了中国近一个世纪。

一、从旧全球到新全球

在历史记录中，"全球一体"的想法并不新鲜，但仅限于我们所看到的三大洲的大陆。而对于那些生活在有记录的前三千年历史中的人来说，没有大陆边界。旧世界从有文化的农业社会发展到城市中心，再到建立了独特的政治制度的国家。这些政体可以是城市或王国，但他们都有各自的政治制度，其中最大的一个征服了其他国家，成为了帝国。这些文明发展起来的地区通常拥有良好的社会，都有保持凝聚力的机构，使其政治理想和目标更容易为大多数人所接受。那些变得更容易统治和控制的实体可以利用这种力量来源来获得广泛的帝国权力。

在那些持续时间长、积累了大量财富的帝国中，有些帝国发展了持久的文明。文明起源于各种文化的融合，这些文化共同发展出了一套思想和价值观体系，使他们更具弹性和力量。随着时间的推移，出现了许多文明。在旧世界的背景下，我将集中讨论在亚非欧大陆边缘的，这三个文明地区，他们聚集力量并在该大陆中心高度统治的人们的帮助下，将其影响传播了几个世纪。

这三个文明尽管相互接触了数千年，但仍保持着独特的特色：起源于亚洲、欧洲和北非大陆海岸的地中海文明；印度文明，主要分布在北部和东部的印度次大陆；以及中华文明圈，它形成于中国北部和中部的大河平原，然后向东和向南蔓延。每一个文明都变得非常强大，并催生了许多帝国和王国。他们共同负责现存的大部分早期历史记录。

居住在欧亚大陆中心广大草原上的人们通过贸易和战争不断地与这三个文明接触。贸易对于思想和文化的传递尤为重要，我们的历史和考古文献为这种交流提供了充足的证据。这些文明还通过印度洋，由海路联结在一起。在人们了解季风并学会使用指南针之前，地中海文明的承载者与印第安人和西尼人之间的海上联系是岌岌可危的。但是，一旦接触成为常规的事情，他们对这三个文明的发展做出了巨大的贡献。

关于三个文明的陆上接触，我们有很多语言的记录。不同的部落名称容易辨别，但与他们活动相关的地名一直很难确定。现代历史学家经常提到那些用语言来识别其身份的群体，比如那些说印欧语、闪米特语、吐鲁克语、蒙古语和汉藏语的人，还有一些人时不时地以部落联盟的形式聚集在一起，向不同的方向发动攻击。作为战斗群体，他们是最有活力的，驾驭马的技能高超，这使得他们能够时不时地征服他们周围的邻居。

因此，这三个文明是分开发展的，却通过陆上的人们联系在一起。至于海洋民族，他们的商业联系在许多方面发挥了类似的作用，同样重要。有人可能会争辩说，海上贸易甚至更为重要，因为它没有导致在大陆如此频繁的破坏性战争。

哥伦布横渡大西洋后，旧世界开始改变。到了18世纪，强大的海军主宰了世界，并为我们今天拥有的新世界奠定了基础。远洋海军在15世纪之前就出现在印度洋上。各独立文明包括中华文明都有能力，但都不觉得有必要专注于海洋事务。他们为什么不发展海军是很令人感兴趣的。一种可能的解释是，没有威胁的敌人从海上来，因此没有必要建立强大的海军，拥有能够横渡海洋暴风雨水域的商船就足够了。居住在海岸的波斯人、阿拉伯人和印度人发展了冒险出海所需的技能，而那些马来—波利尼西亚血统的人则毫无畏惧地将他们的海上活动扩展到更遥远的岛屿。

然而，三大文明之一确实有一个古老的海洋传统，一种非常好斗的传统，是为了打海战而发展起来的。那是地中海文明，那里的条件非常特殊，与中国人和印度人形成了鲜明的对比，他们的敌人只从中亚大陆陆路过来。对于这两种人来说，这些人主要是印欧人和土库曼斯坦—蒙古族人，他们成为地中海文明数千年来的主要敌人。独立的中华文明，花费了巨大的资源来防御陆路入侵。印度通过开伯尔山口（阿富汗—巴基斯坦走廊）是脆弱的，而中国总是对来自其北部和西部的草原和高地的入侵持开放

第五章　漫长的全球化历史

态度。

然而，地中海则不同。在那里，大海是两大文明诞生的家园，一个主要起源于闪米特人，另一个是印欧人。他们把地中海的控制权从最早的有记录的时代就分开了。闪米特人主要分布在底格里斯河、幼发拉底河和尼罗河流域周围，一些人在那里建立了庞大的帝国体系。印欧人包括那些在海浪中向南移动到地中海沿岸的人。他们中的一些人在那里建立了小的政治单位，包括那些建立在地中海岛屿上的政治单位，但其他人在波斯和中亚建立了帝国，也建立了自己的亚历山大和罗马帝国。

闪米特人和印欧人都有贸易殖民地，但欧洲人创造了一些特殊的城邦。尽管两种地中海政体在组织形式上有很大的不同，但它们是不可分割的：它们不断地争夺贸易和政治优势，并不断地相互争斗。重要的是，尽管政治和经济力量最终从内陆海岸转移到了大西洋，地中海南北之间的分裂却一直持续到现在。这两支军队都在中亚地区联合起来，印欧日耳曼和斯拉夫部落为挑战图尔科蒙古部落联合会而进行了艰苦的战斗。

随着时间的推移，地中海地区的欧洲和亚非人民找到了一个共同的信仰，并通过一个非常强大的理念融合在一起，这个理念最终主宰了整个文明，即只有一个神，或一神论的想法。各种古老的文化和文明开始于多神崇拜或采取各种萨满教和其他做法，没有唯一真神。唯一真神的想法来自埃及犹太闪米特民族。在经历了许多磨难之后，它导致了基督教的兴起，一种在非犹太民族中迅速传播的宗教。

这最终压倒了希腊人和罗马人的多神信仰，这为他们的信仰体系和一神论的闪米特神结合奠定了坚实的基础，奠定了现代地中海文明的基础。虽然信徒们对神在地球上的旨意的正确解释存在分歧，但这种一神论的冲动至今仍然强大。这与其他两个文明非常不同，那两个文明相信许多神，或根本不提及神。印度和中国都不被一神论所吸引。他们用自己的精神价值观和政治制度发展了古老的文明，这些制度抵御了几次冲击，至今仍然与众不同。几千年来，这三个文明都联结于亚欧大陆和印度洋。这段共同的历史将各大洲连接在一起，构成了旧世界。

然而，地中海发生了紧张而频繁的海战。在陆海力量的混合集团中，海战不可避免。其中最著名的是在萨拉米斯希腊和波斯人之间，在那里的战斗拯救了雅典国家，从而没有走上波斯人的帝国制度。那片海域很小，小国可以在海上训练作战，但也足够强大，需要海军进行一场重大战争。令人惊奇的是，我们有2000年地中海历史的海战记录，而其他海洋几乎没有。

新世界间接地是基督教十字军和穆斯林对手之间海战的产物，这是一神论亚伯拉罕宗教之间的一场无休止的内战。激烈的竞争还涉及威尼斯人、热那亚人、奥斯曼人和各种阿拉伯伊朗王国。几个世纪以来，穆斯林一直在获胜。他们主导着地中海与印度与中国的富裕城市和王国之间的贸易，包括土耳其的陆路贸易。在塞尔柱人和奥斯曼人的统治下，这些土耳其人最终打败了拜占庭帝国，深入东欧。

在陆路方面，蒙古帝国扩大了全方位的贸易。他们在西方的伊斯兰化汗国被土耳其人和伊朗人继承，而成为佛教徒的蒙古人后来征服了整个中国。作为莫卧儿人，他们跟随他们的共同宗教者占领了印度北部和中部的大部分地区。简而言之，在 7 世纪阿拉伯人冲出沙漠进入北非到伊比利亚半岛之后，到了 15 世纪，穆斯林列强控制了世界上大部分的陆上和海上贸易路线。

因此，欧洲人发现自己无法直接与中国和印度进行贸易。由此他们转向大西洋。这不是偶然的，是因为外围的葡萄牙人带领着非洲海岸向南前进。他们远离地中海内部的活动，别无选择，只能转向又深远又宽阔的海洋。地中海的欧洲人不顾一切地寻找通往中国和印度的路，1493 年，热那亚人克里斯托弗·哥伦布（Christopher Columbus）发现了一个新世界。在没有海上反对的情况下，他们在 30 年内从大西洋搬到了一边的印度洋和另一边的太平洋。1498 年，葡萄牙的瓦斯科·达伽马号第一次通过海路抵达印度。另一位葡萄牙人费迪南德·麦哲伦（Ferdinand Magellan）早些时候去过印度和马来群岛，他在 1619 年率领一支西班牙探险队穿越太平洋到达菲律宾，环游世界。这三十年是历史上不平凡的时期。

早些时候，11—12 世纪的南印度乔拉人拥有强大的海军，13 世纪蒙古统治下的中国人的海军袭击了南海和东海。到了 15 世纪，明代的中国拥有世界上最强大的海军，郑和的印度洋远征就证明了这一点。在这两个案例中，印度人和中国人都没有发现他们的力量受到敌意的挑战者，所以都没有发展出专业的常备海军。在中国，文官实际上下令摧毁他们的远洋船只，帝国完全放弃海军力量。因此，葡萄牙、西班牙、荷兰和英国的船只冒险进入该地区，没有任何障碍。在一个世纪内，印度洋从一个相对和平的贸易与当地小规模冲突的历史状态，转变为一个由海军为主导地位的商贸地区。

"新全球"是几个世纪以来欧洲在东方海洋势力的产物。葡萄牙的小船抵达了印度、波斯和阿拉伯的海岸，毫不费力地赢得了战斗。他们的船只随后占领了转口地马六甲，夺取了香料群岛，并在没有受到严重挑战的情况下抵达了中国。但它需要的不仅仅是赢得几场战斗来控制海洋。

大西洋欧洲人获得了包括自然产品和新技术在内的资源，并受到东方关于国家、社会和文化价值观的不同观点的刺激，所有这些都进一步激励了欧洲人改进自己的制度。紧随其后的是加速工业革命和新兴资本主义经济的先进科学方法论。到了18世纪末，英国和法国的海军部队已经久经沙场，其他任何地方的贸易舰队都无法与之匹敌。世界就这样变成了新的全球。

二、新全球化下的中国

当"新全球"产生影响时，对此最先有感觉的是印度人、波斯人和阿拉伯人。然而，在整个16至19世纪，受欧洲新兴列强之间的竞争影响最大的是马来群岛的岛屿和支离破碎的政体。他们对相伴而来的机遇和危险作出了不同的反应。总的来说，他们很好地适应了新的商业需求。相比之下，明清帝国对正在发生的大变革，反应都很迟缓，他们中的绝大多数人主要生活在内陆，帝国对他们的大陆文明充满信心，拥有巨大的财富和丰富的人力资源。虽然明清皇朝也都显示出社会和文化颓废的迹象，但他们仍然很强大，看起来没有什么值得警惕的理由。

中国官员看到葡萄牙人乘坐他们的武装船只抵达，紧随其后的是西班牙人、荷兰人和英国人,他们都希望与中国进行贸易。他们知道这些新来的人与以前的商人不同,要求更高,拥有更好的武装船只。但直到19世纪他们才开始重视,但那时已经太晚了。然后他们了解到,一小部分英国船只就可以摧毁他们的海防。

清朝官员继续反应迟缓,鸦片战争后的几十年里,他们不能接受他们所遭遇的是对他们文明的根本性挑战。他们意识到,他们必须学会与经常击败他们的敌人进行海战。他们必须学习如何掌握现代科学技术和产业资本背后的金融体系。然而,他们主要将这些视为方法论,而没有意识到它们背后的思想最终可能会挑战他们文明的基础。

中国人也发现,这种全球化的现代性提供了多种选择。英国和美国通过海上运输带来了自由资本主义。然而,他们可以看到,德国和欧洲大陆的俄罗斯人找到了通往现代化的其他道路。即使是法国人也可以提供一些不同的东西。最引人注目的是,俄罗斯革命为许多中国年轻人提供了比西欧模式更有吸引力的平等主义理想。

显而易见的是,民族主义者受到了新全球海上力量的鼓舞,并准备与那些向内转向并利用旧世界大陆资源的人战斗。这件事没有什么命中注定的。许多因素在中国领导人的选择中起了作用。例如,自由资本制度坚持外国企业的域外权利,妨碍了中国人的竞争,这让爱国者感到不公平。另一个因素是第一次世界大战结束时,帝国资本主义以牺牲中国为代价而让日本获益。《凡尔赛条约》将德国在山东的权利转让给日本——这导致了中国近代史上一个重大事件,即五四运动。在那之后,许多中国年轻人认为在西方人的游戏规则当中,自己的国家成了牺牲品。当以获生的西方帝国为首的国际联盟,没有阻止日本把东北各省变成伪满洲国时,情况就更加复杂了。

1919年至1937年的事件使许多人得出这样的结论:自由资本主义模式对中国不利。情绪化的民族主义也在寻找替代方案。他们曾希望在日本、欧洲和美国留学的精英们能给他们指明复兴的道路,但中国继续贫穷和分裂,他们把这归咎于资本主义制度。一切似乎都表明需要一个不同的选择。特别是日本继续做其他帝国主义不敢做的事情,即利用其现代海上力量夺取和控制中国领土。

当大批年轻人拒绝自由资本主义,转而采用苏联模式时,这似乎是种历史的必然。他们对强大的敌人瓜分中国部分地区做出了反应。然而,他们做出了这样的选择,接受了共产党胜利的后果。中华人民共和国站在苏联和旧世界一边。他们中的大多数人没有想到的是,毛泽东领导的新中国不仅否定了中国的大部分传统,在冷战中蔑视了美国及其盟国,而且还转而反对苏联,这是一代中国人所极力推崇的。

过去40余年所做的事情对中国来说效果很好。它使得中国获取了掌握一切所需技能的能力,同时也给民众带来了更大的信心:只要我们愿意学习,我们就可以同样具备外部世界已有的能力。特别是,这些改革使中国能够确定什么可以加强领导,什么可以帮助现代中国找到自己的鲜明特征。

人们可以争论中国所作所为的是非,但关注自20世纪80年代以来关于中国人如何应对当前世界秩序挑战的辩论是有启发性的。一端是那些热衷于与美国梦联系在一起的人,而另一端的人则表明他们有多么厌恶美国所代表的东西。在这两者之间,有各种各样的回应,要求有多种选择,以提高中国文化的质量。阅读今天的辩论,并不总是很清楚中国人会走向何方。但对于中国传统应该复兴和提升多少似乎犹豫不决。

这一传统好坏参半,不仅与经常被等同于农耕文明的传统美德和显得有点愚昧的儒家、道家和佛教习俗有关。今天,它包括了从模仿西方的失败实验中吸取的教训。简而言之,传统包括过去 150 年的希望和失望,失败和成功。在这些经历中幸存下来的中国人,现在都从这些经历中吸取了重要的教训。

在中国传统中,变化是常态,生活是应对不可避免的变化的过程。这就是他们的文明在过去三千年里是如何丰富的。中国领导人理解当新的全球取代旧的全球时,中国发生了什么,并准备好面对未来的变化,且在变化发生时迅速做出反应。此外,他们从来不相信任何世界秩序会有终结的那一天。当环境发生变化时,它也会发生变化。因此,中国应该关注可能发生变化的事情,而不是接受现实。

18 世纪和 19 世纪的新全球向西横跨北大西洋,到 20 世纪末使旧世界欧亚大陆黯然失色。目前的秩序是在第二次世界大战结束时创建的,到冷战结束时,它看起来更像是美国的世界秩序。中国虽然承认美国是世界上的超级大国,但并不认为世界秩序总是取决于美国的霸权。中国领导人意识到,美国是一个没有敌人的大陆大国,处于有利地位,这是有记录以来任何大国都没有享受过的地位。因此,它有能力支配和干预旧世界其他任何地方。

因此，人们相信它的例外论：摆脱旧世界的交战悲剧，无辜的人民伤亡，即如果旧世界能变得更像新世界，全球和平的机会就会更大。

中国属于东半球，他们在陆上和海上的联系有着他们历史上特有的动态紧张局势。他们国家三分之二的边界是大陆边界，其余是海洋边界。他们怎么能确保自己不会受到攻击呢？像东半球的大多数人一样，在过去的两个世纪里，他们学到了很多。随着全球化，他们现在可以获得所有可用的知识，并相信他们有能力重新创造旧世界。他们正在探索如何为未来实现新旧世界最好的融合。过去一切有价值的成就都应该重申。我们几千年来的人类经验可能会被新世界进步思想所提供的东西增强。此外，中国的辩论重申了其文明的独特性，并表明中国人民仍然希望这一点得到尊重。

在这种背景下，中国人致力于全球化，但最终将旧欧亚大陆视为自己的心脏。现在是认识到该大陆对现代化进程的显著贡献的时候了。我不清楚中国是否知道如何实现这一点。"一带一路"倡议，主要指的是非洲—欧亚大陆和旧地球沿岸的海上交通。当中国说太平洋足够大时，就是在肯定旧世界在全球化进程中的地位。这不是对美国的挑战，而是对维护国家发展和中国人民需要的那种秩序的有力的维护。他们想要确保的是，他们不会被以所有国家都必须始终接受的"最终"世界秩序的名义所支配。中国的立场似乎是，当亚非欧的旧大陆发生变化时，世界秩序必须改变。

三、认识东南亚

也许中国邻里当中最显著变化的是东南亚的新地区，这一地区正在为中国提供一个重大考验，即体会这个不断变化的世界秩序可能意味着什么。1600 年后，东南亚的新国家受到了从旧世界向新全球转变的最直接影响。如今，它们正处于中国为恢复旧世界的中心地位而采取的海事举措的前线。

秦汉帝国的影响力曾到达现代越南中部海岸，由此可见，中国与该地区的关系可以追溯到 2000 年前。南海（南中国海）贸易使中国对印度洋商船开放，而在这两者之间的沿海人民是 10 世纪之前该贸易的积极参与者。在 13 至 15 世纪，忽必烈汗派海军进攻越南、占巴和爪哇时，中国船只主导了贸易。郑和率领七次远征印度洋时，中国海军实力达到顶峰。然而，此后，欧洲商人数量不断增加，他们的活动最终建立了联结印度洋和太平洋的新全球体系。至于蓬勃发展的中国私人贸易，明清官方政策实行严格的限制，导致商人与欧洲人发展新的关系并定居在主要港口城市。

在第二次世界大战的最后几年，东南亚逐渐成为公认的地区。西方盟国击败了日本，这是曾经控制几乎整个地区的第一个也是唯一的力量。在这种情况下，英国人将东南亚确定为对日本帝国展开最后攻势的关键地区。这也是与西太平洋接壤的岛屿从旧大陆的东南角变为新大陆的海洋边缘的时候。自那时以来，人们越来越重视东南亚的历史，并成功地将该地区确认为具有战略意义的地区之一。

东南亚作为一个地区的出现代表着全球重心的转移，它正在塑造该地区对身份和社区意识的追求。但是，如果不回顾该地区支离破碎且文献不足的过去，就无法理解这一过程。对于这个故事，我提供两种方法。一方面回顾其历史，当地的精英们接待远道而来的商人时，就其政体和文化做出了哪些决策；另一方面回顾是否存在可以增强人们对该地区信仰的共识。

早期国家的历史记录在 1600 年之前是很少的。它们中的大多数涉及印度洋和中国海之间的长距离贸易，该贸易也与地中海世界的市场相关。建筑和艺术文物提供了王国甚至帝国的劳动力和贸易的通道的证据。沿着这条海上丝绸之路，几个世纪以来，数千艘船进行了贸易。

关于最早的政体的文件提醒我们，中国人对这些国家的兴趣已经有大约两千年的历史了。它们告诉我们在那里定居的不同民族的情况，并暗示那些想要主宰这一贸易的人可能会为争夺优势而竞争。但由于记录如此之少，我们可以假设没有发生海战或重大的陆上冲突，就南海和印度洋而言，贸易条件将要求船只配备保护装备，关键港口得到良好管理，但不需要复杂的国家机构或建筑。

东南亚的沿海国家，人们沿江而居，人员流动性很强。他们主要是马来—波利尼西亚人或南岛人，如果根据他们的语言来识别的话，他们来自中国南部，部分通过台湾到达菲律宾和努桑塔拉，到达爪哇和更远的地方，部分沿着现代越南的海岸到达马来半岛，穿过爪哇和苏门答腊岛。

在大陆，人口更为复杂。最早是依据他们的语言亲缘关系进行广泛分类，即南美洲语言。最大的群体是孟高棉族，他们可以在语言上与越南人归类。据我们所知，他们是土生土长的，但不断受到从北方陆路顺流而下越来越多移民的压力。几个世纪以

第五章　漫长的全球化历史

来，这些人包括来自中国西南部的泰国人的祖先和来自藏滇高原的缅甸人的祖先。后来者沿着河谷而来，总是为争夺领土控制权而战。我们有一些他们战争的记录。他们在陆上的战斗与涉及斯里维贾亚或马加帕希特帝国的海上冲突形成了巨大的反差。海上冲突从来没有陆上冲突那样具有破坏性。

这些民族都没有发展出自己的书写系统。他们的文献和碑文使用的是印度文字，印度思想的影响是广泛而深刻的。特别是，印度教和佛教激发了君主国家的崛起。随着时间的推移，更强大的国家通过效仿印度模式掌握了权力。关于文化转移在多大程度上归功于印度殖民者，以及有多少归功于当地领导人借鉴印度的想法，这场辩论一直在持续。很清楚的是，海洋民族分布广泛，一些人越过印度洋，远至马达加斯加，另一些人则相反地前往大洋洲、新西兰和夏威夷。

随着时间的推移，几个州相继成立。我们有关于印度文字的确凿证据，一些是梵语的，一些是巴利语的，还有一些是南岛当地语言的，发现的碑文讲述了一个非常零散的故事，没有系统地书写他们的历史的传统，留下了一幅难以拼凑的图景。直到16世纪，所创建的州的历史记载一直是模糊的，直到欧洲人到来之后，当地的历史才变得更加清晰。

然而，其中两个州是例外的。其中一个在爪哇创造了婆罗波杜尔和普兰巴南的醒目的伟大建筑，以及数百个其他较小的建筑。在东南亚其他海域没有发现过这样的纪念碑。很难解释为什么岛上的人会建造一个拥有可以与大陆国家相媲美的大型文明遗迹州。马来群岛的其他海州都是河边国家，比起中央集权的建筑，它们更喜欢机动性。经典的例子是作为一个海洋帝国的斯里维贾亚，它持续了几个世纪，但没有留下什么标志性的遗迹。只要方便或不那么危险，该州就会搬迁首都。

另一个是柬埔寨，那里有多个庙宇建筑群，紧随其后的是吴哥的大规模建筑群。在吴哥帝国之前很久，那里就已经受到了许多世纪的印度教和佛教的影响。挑战柬埔寨的是同样信奉印度教的海上占人，他们建立了尚巴，并控制了现代越南的中心海岸超过1000年；还有一些人被中国人认定为阜南王国的臣民。目前还不清楚这些人主要是海洋南岛人还是大陆人。一些考古学家认为，他们是孟高棉血统的人，但他们通过印度洋与罗马帝国的贸易联系表明，他们与海洋世界密切相关。

海上尚巴并不是一个单一的王国，尽管它与柬埔寨吴哥和马塔兰邦的爪哇人有关系，但沿顺化以北和南部到现代潘朗之间的狭窄土地仍然是沿河国家的链条。重要的是他们都拥有港口和河流，使他们能够进行内陆贸易。他们的小州持续了很长时间，但越南人最终摧毁了他们。一些人留下来，一些人逃到了柬埔寨，而另一些人则离开去了群岛上的其他海事中心。值得注意的是，可汗国家的记录描述了印度教国家的象征和制度，我们不知道这些是如何传播的，但很快就建立了印度寺庙建筑。不幸的是，许多人在越南战争中被摧毁，但仍有足够的幸存者能够证明他们在印度教中的地位。

占婆族成为马来人的海上人的标志是他们转向伊斯兰教，并轻松地与马来半岛、苏门答腊和爪哇沿海的穆斯林人民融合。那些去海南岛的人建立了小的穆斯林社区，这些社区仍然得以生存。这证实了他们一直与海洋世界联系在一起，并在他们的状况发生变化时从印度教转向伊斯兰教。他们抵制了中国化的越南人和印度佛教徒的孟高棉人，并与穆斯林贸易团体结为同盟。这表明人民如何在历史的关键时刻做出关于海陆鸿沟的决定。

另一方面，泰国人南下到海岸，经历了相反的情况。他们迁徙到了柬埔寨等地，并建立了大城府。这个王国推翻了马来半岛，并与那里的穆斯林马来人交往。直到今天，马来半岛的佛教徒和伊斯兰教徒之间所划的界线仍然存在。到达半岛海岸后，他们建立了海军，向更南部的海上对手发起挑战。他们试图成为一个既有海上力量又有大陆力量的力量，但从未成功。他们不断受到陆上邻居的攻击，一侧是柬埔寨，另一侧是孟高棉和缅甸人。面对定期的大陆性威胁，他们永远无法对自己的海洋利益给予足够的重视，这证明了他们未能防止马六甲的崛起。

马六甲的故事与郑和七次前往印度洋的航行同时发生。马六甲统治者建立的海上帝国加快了中国人干预以挽救马六甲免于泰国进攻的时间，以及最早的欧洲人到达该地区的时间。那个世纪的变化突显了没有进一步追求海上野心的泰国本土人和葡萄牙人之间的区别。葡萄牙人的全副武装在各个方向上都竭尽所能。陆地力量和海上机动性之间的分歧产生了变革性的后果。

我们更加了解葡萄牙人到达红海时的所作所为，以及与香料群岛相反的方向。他们的船身瘦而快，装备精良，专为战争而建造。他们代表了从地中海突入世界海洋的爆发。亚洲没有海上力量可以对抗他们。东南亚、印度和中国的所有记录都对他们的导航技能进行了评论。中国人印象深刻，以至于他们聘请葡萄牙人来帮助他们制造红衣大炮,并教他们如何使用这些在海上作战。

西班牙人走得更远。当他们占领菲律宾时,他们表示他们已经像在南美洲和中美洲那样留下来了。他们介绍了他们的宗教统治机构和法律。这样,东南亚的一部分就与整合了这三个海洋的"新全球"紧密相连。马尼拉帆船从墨西哥的阿卡普尔科(Acapulco)出发,穿越太平洋,将用银币支付的中国丝绸和其他产品带到欧洲市场。

菲律宾是尚未印度化的马来—波利尼西亚世界的一部分。他们了解印度的思想和实践,但在西班牙人到来之前,伊斯兰教到达了棉兰老岛海岸,并进入吕宋岛。与群岛的其他部分不同,这些岛屿在早期与印度相连,长期开放与伊斯兰世界进行贸易,这些岛屿被并入新大陆。因此,可以说,新全球化是在东南亚最东部的边缘实现的。那里的人们抵抗西班牙人,但很容易被压倒。

印度洋和中国海的海洋世界在 17 世纪由荷兰和英国控制。到那时,美洲的人口和给欧洲经济带来的提振正在快速推进。接下来的两个世纪是西欧的变革之年:宗教改革、科学革命、工业资本主义的兴起,随后是法国启蒙运动和法国大革命的政治动荡。所有这些事件加在一起,导致了 18 世纪末英法两国在全球的主导地位。

欧洲的进步是不可阻挡的,尽管多岛的东南亚试图阻止这股潮流,但欧洲的进步是不可阻挡的。在大陆上,大陆国家对欧洲势力的遏制时间更长,部分原因是西方势力满足于控制海洋,而不是咄咄逼人地向内陆推进。这使得越南人、柬埔寨人、泰国人和缅甸人直到 19 世纪初才受到重商主义的挑战。此后,英国和法国的帝国野心超越了商业竞争。这两个国家都已经成为民族国家，有能力建立强大的海洋帝国，并在任何可能的地方为夺取领土而战斗。

在亚洲进行的第一次大规模的海战是英国人和法国人在印度洋上的海战。的确，荷兰人和葡萄牙人早些时候曾在马六甲海峡和新加坡打仗，但他们的战斗一次只涉及几艘船，而英国和法国之间的战斗是在大型海军之间进行的；它们是在地中海和大西洋战斗了几个世纪的海军战役的延伸。在印度洋，法国海军在公海挑战英国海军，英国人大获全胜。此后，英国人可以自由控制印度海岸，并向内陆推进，夺取整个印度。英法之争在欧洲仍在继续。随着拿破仑战争和整个欧洲的变革，新全球的版图被列强瓜分。在美洲建立的陆地帝国正在亚洲和非洲复制，全球任何地方都不能幸免于新帝国主义。

四、海洋帝国在亚太地区的扩张

海洋世界很快成为全球力量博弈的焦点。英国人从其在马德拉斯、加尔各答和孟买的基地积蓄了力量，然后经由槟城和新加坡，打开了中国港口，在接下来的一百年里，一直统治着中国沿海。英国海军在这三个大洋中拥有完全控制权，而法国海军紧随其后。在亚洲，法国人不得不把目光瞄准较小的印度支那，并继续接受英国人四处独霸之后的残留之地。荷兰人则向内退入 1824 年《英荷条约》所留给他们的所有岛屿。至于西班牙人，他们成功地将菲律宾带入了整个太平洋，为美国成为亚太地区主导性的帝国奠定了基础。

在整个区域转型期间，中国仍与陆地上的旧世界保持着距离。尽管中亚帝国已被削弱，沙皇俄国仍利用欧亚大陆广大地区的政治真空，在整个亚洲推进其帝国利益。彼得大帝的故事，提醒我们俄罗斯多么渴望自己拥有海军成为欧洲大国，但是它被锁在波罗的海和黑海中，距离这个目标，还很远。最终，当圣彼得堡未能成为海上力量的主要基地时，它的帝国野心向东方和南方转移，并扩大了陆地。之所以它的扩张相对容易，是因为大陆的穆斯林国家分裂，而且由于经济发展已经从大陆转移到三大洋，这些国家的力量大大削弱了。

俄国人受到英国征服印度的启发，将影响力扩展到新疆和西藏，以及印度、阿富汗和波斯的边界。凭借其哥萨克军队和少量俄罗斯工程师，他们迅速控制了非洲大陆的大部分地区。这是一个了不起的故事，与其说是其邻国的软弱，不如说是其强大的实力。但是，就全球而言，这没有什么区别，因为海洋和大陆之间的平衡已经转向有利于海洋。如果不是因为两次世界大战的破坏性后果，那将一直如此。

那两次战争表明，大陆和海洋引发了新的致命的竞争。第一次世界大战的爆发有众多起因，但最重要的原因是英国拒绝让德国人将其海军力量投放到他们感兴趣的地区。工业革命后，英国海军已占上风。但是，当法国和德国等强国掌握类似技能，并拥有自己的自然资源时，英国人感受到威胁。当德国人以其不受挑战的大陆力量战胜法国人而转向大海时，危险就立刻显现出来。英国人决心不惜一切代价结束这一挑战。这种现象使我们想起了修昔底德陷阱，在这种情况下，大陆势力将其最大的竞争对手推

第五章　漫长的全球化历史

向了海上。

英国这个号称"日不落"帝国统治了全球一个多世纪，两次世界大战将英国人卷入战争，他们无法单靠海军力量获胜。他们只能在帮助盟国赢得大陆战争的同时，捍卫自己的岛屿优势以抵御入侵。对拿破仑，然后对皇帝，然后对奥匈帝国、纳粹德国，都是如此。为英国人发动的大陆战争永远是一座桥梁。在两次战争中，它们都被美国营救，并依靠大西洋沿岸的新世界的支持。这些干预表明，仅靠海军力量开展的海上全球行动还不够。没有大陆基地，英国人就没有安全感。对于美国而言，与众不同的是海上力量与本大陆的总体安全相结合。

此外，还有苏维埃俄国作为共产主义国家的意想不到的崛起。苏联掌握了工业资本主义的技术，不足以单独击败德国，但当有机会拖住大部分德国军队时，这一点意义重大。斯大林格勒之战是对苏联坚持自卫能力的决定性考验，它使盟军更容易从地中海和英吉利海峡对岸的海上攻击德国人。即使是苏联人也没有想到，在战争结束时，他们会成为世界第二大国。

在第二次世界大战的两个受益者中，美国既是海洋的，也是大陆的，而苏联在旧世界控制着欧亚大陆。冷战反映了开放市场经济与斯大林共产主义大陆经济的冲突。在这场斗争中，后者无法突破陆地限制，在海上反击。

这是冷战中苏联战败在所难免的一个重要因素。到了20世纪80年代，旧大陆再也无法与资本主义经济竞争。在军备竞赛中，苏联人步履蹒跚。事实证明，美国在经济上挑战苏联强权的战略是正确的。在控制全球海洋的情况下，美国遏制了苏联的力量，最终破坏了该政权的可信度。

五、南洋与东盟

在全球政治版图的变化过程中，中国仍然对自己的安全充满信心。导致鸦片战争的事件让清朝官僚对英国在亚洲其他地方的进军进行了一些反思，但他们几乎没有危机感。对于一直关注欧洲商业利益扩张的南方沿海华商来说，这并不令人惊讶。几代人以来，他们一直在适应围绕这一贸易不断变化的政治和经济格局，并利用一切机会在该区域殖民当局的主持下扩大其活动。当士大夫们终于意识到邻里关系发生了多么大的变化时，他们发现他们的臣民在南方水域的每个港口都各得其所。

这些港口的中国人已经变得富有，对当地统治者和殖民官员颇有影响力。他们不仅会说当地语言和西方语言，而且还熟悉现代资本家使用的最新技术和商业方法。当香港和通商口岸开始满足对中国劳动力的需求时，大量来自广东和福建的人走出国门，加入他们在当地出生的同省人的行列。到了20世纪末，清廷意识到了生活在中国南方和东南亚的越来越多的华人群体的价值，并开始将他们确定为"南洋华侨"。

从这个功利的名字中产生了一种共同的认同感，这种认同感开始与中国沿海发酵的反满运动产生共鸣。当民族主义者在1911年成功地建立了一个共和制国家时，南洋的标签成为了一枚骄傲的徽章。因此，"中华民族"的概念出现在一个支离破碎的殖民地地区，在那里，其他民族也受到同样的激励，寻求自己的国家命运。

在这种背景下，中国和地方当局将南洋华人视为重要的跨境参与者。这一地位给他们带来了商业优势，不同的地方当局以及其他外国商业利益都认为这些优势是有用的。与此同时，与中国日益高涨的民族主义和反帝国主义情绪的联系变得令人担忧。即使是该地区的中国人也发现，忠诚度的混乱往往考验着他们为不同客户和合作伙伴服务的能力。

直到第二次世界大战结束，没有人预料到东南亚会成为一个具有战略潜力的地区。群岛和大陆曾经是列强瓜分的零星碎片，每一个地区都是野心勃勃的殖民统治者瞄准的目标。泰国是幸运的，是唯一一个避免了这种命运的政体。即使是曾经强大的中国也受到了威胁，它逃脱了殖民统治，很大程度上是因为它作为一个统一的国家幅员辽阔。那些欧洲列强除了控制属于自己名下的港口之外，胃口也没有大到想要去染指更多的地盘。只有一些日本军国主义分子认为他们可以走得更远。他们观察了英国人是如何控制印度的。他们还研究了蒙古族人和满族人，作为少数民族是如何能够征服整个中国的。由于他们的现代军队模仿了强大的英国和德国帝国，他们认为自己在做同样的事情方面处于有利地位。

日本人在南洋进一步攻击西方列强。这种干预使这群未成形的群体经历了意想不到的剧烈变化。日本战败导致了非殖民化现象的开始。许多新独立的民族，特别是印尼人、缅甸人和越南人，都向现代西方学习。半岛上的马来各州显然从中受益。海峡殖民地，特别是新加坡，是连接大英帝国全球网络的帝国港口链的一部分，这给了新加坡很大的优势。但大多数殖民地居民对日本人如此轻易地压倒英国人感到失望。随着美国在太平洋地区的胜利，这些年轻的国家，见证了在大英帝国基础上建立起来的美国人领导的世界秩序。

随着世界瞬息万变，给几个国家带来生命的非殖民化进程是一种全新的经历。这个新的实体，现在被承认为东南亚，因此被提供了一个从未有过的身份。此外，前殖民地现在可以宣称自己是民族国家，这使得海洋和大陆之间的差异更加显著。首先，这五个大陆洲有着完全不同的经历。缅甸大部分地区几十年来一直是英属印度的一部分。越南从与中国的历史朝贡关系中解脱出来，被分成三部分，作为法属印度支那的一部分进行治理，这对古代柬埔寨国家和现在的老挝支离破碎的制度产生了意想不到的后果。相比之下，泰国保留了君主制，并设法适应了不同程度的外国干预。

在马来群岛，有三个部门以不同的方式进行了改造。我早些时候已经概述了是什么使半岛的马来各州走到了一起；现在，非殖民化的特殊情况将马来西亚延伸到了婆罗洲北部。这将马来西亚带到了菲律宾的边境，菲律宾是一个前殖民地国家，新世界的形象喜忧参半。在1898年被美国征服之后，那里引入的现代化议程使这个国家与马来世界的其他国家有很大的不同。比如印度尼西亚共和国在荷兰东印度群岛之外的非凡发展。几个世纪以来，荷兰的入侵始于几个沿海港口，但最终被推进到内陆，这是荷兰入侵的产物，它的领土从未分享过任何政治认同感。那里有爪哇岛及其分裂的历史，还有无数通过贸易联系在一起的沿江国家。在欧洲人到来后，伊斯兰教进一步传播到几乎整个努桑塔拉。

受过荷兰教育的一代领导人受到荷兰反抗西班牙帝国的英雄故事以及印度、日本和中国民族主义的启发,以印尼的名义创造了一个新的身份。

这一不同寻常的故事仍在展开,并有望使这个新国家成为即将承担全球角色的地区的海上基地。

将要塑造这个新地区的人民是谁?有大陆上的,也有群岛上的。我早些时候注意到,一些来自马来世界的人决定成为印度教或佛教徒,后来皈依伊斯兰教;大陆的另一些人则从印度教转向佛教。其中之一的越南,很大程度上是从中国的中华文明中获得灵感的。在这样做的过程中,他们都接受了不同的政治制度和理想,并在许多要求改变的压力下坚持了自己的宗教信仰。现在,它们各自在确定区域身份的国民素质方面都发挥着独特的作用。

在东南亚海上,经历则截然不同。那里的人民对他们从殖民国家继承的东西更加开放,他们发现这项遗产是可行的。他们试图将他们保留的东西本地化并加以改进,并将这些遗产变成他们的人民可以认同的东西。他们承认遗产是新的和可延展的,这可以从他们应对冷战的实际方式中看出。创建马来西亚和新加坡国家的建国范例就是这种实用主义的例证。事实证明,暴力罢免总统苏加诺和总统苏哈托的经济政策彻底转变,对印尼政府起到了恢复作用。这些非常不同的决定改变了每个国家,这些决定是为了使这些国家能够从他们继承的殖民制度中建立新的国家。

在这里,我要强调的是,海洋性民族所作的选择是不可能由大陆性民族所左右的。这是该地区能够实践的实用主义的一个很好的例子。我指的是他们于1967年共同组成东南亚国家联盟(东盟)。五个国家,其中泰国主要在大陆,在冷战期间,当各国被迫选择是与资本家还是与共产党站在一起时,就这样做了。东盟的建立把这个地区分成了两类:一类是在越南战争中支持美国的人,另一类则是根本不愿意战争的人。由于其与新全球的亲和力,群岛世界选择与英美世界秩序相联系并不奇怪。

第二次世界大战后,美国在20世纪90年代战胜苏联,巩固了新的世界秩序,这基本上是一个植根于新全球200年的海洋秩序,也得到了北美大陆安全的支持。这一时代命运的一个主要受益者是邓小平领导的改革开放的中国。他的政策使中国向全球市场经济开放,并确认安全的海运是中国复苏的关键。这些政策的成功使中国更加意识到必须有能力在海上保护自己的利益。到了20世纪90年代,中国人已将全部注意力转向造船和海军训练。

中国现在致力于海军发展,这一政策显然关系到他们的海上邻国。同时,他们也没有忘记,他们的大陆边界是漫长和不安全的。同样重要的是,他们要维护好陆路关系。美国知道,它在新秩序中的领导地位来自拥有压倒性的海军力量,而不害怕陆上威胁。中国人没有那么幸运。在努力确保海上联系的同时,特别是在他们自己的文明圈,他们必须随时准备保护陆地边界。他们认识到,在旧世界赢得朋友的全面欧亚战略对长期安全至关重要。

今天,一个新的东南亚可以通过东盟发挥作用。这个区域组织是一个了不起的成就,但它仍处于生长过程中。从海洋利益开始,它现在包括有着历史非同寻常的大陆国家。例如,越南从中国身上吸取了同样的教训,现在看起来更像是重视大海,而老挝则完全是内陆国家。至于柬埔寨和缅甸,它们如何应对海上挑战

第五章　漫长的全球化历史

仍不清楚。作为东盟成员国，只要他们能指望一个联合组织来监督该地区的海军关切，这可能就不那么重要了。在这方面，东盟的努力可以使其超越其部分。该地区位于印度洋和太平洋之间，这确保了世界海洋大国将永远对其福祉具有战略利益。

但也有类似的地中海世界可能是相关的。尽管规模较小，但那片海域的海军力量决定了所有相关国家的命运，各州在其北部和南部海岸的深刻分歧一直持续到今天。这绝不是一个单独的海军力量问题。面对大海的国家拥有强大的腹地，无论是北部还是南部的国家都无法长期统治地中海。这应该提醒我们，东南亚及其大陆和海洋成员国在面对来自不同方向的外部力量并呼吁其每个成员国选择立场时，也可能容易出现分歧。

另一个有趣的问题是，为什么南海从来没有像地中海那样成为海上冲突区。它的部分较窄，其他部分较宽，密封性不好，就像一端是直布罗陀海峡，另一端是苏伊士运河。台湾海峡、巽他海峡和马六甲海峡以及通往南太平洋的通道都有更多通向海洋的通道。此外，与地中海两岸总是有强国不同，在南中国海没有任何力量可以挑战中华帝国。如果有一个，也许从远古时代起，那片海域也会是一个紧张而漫长的竞争地带。

这种情况可能即将改变。今天，新宣布的印度—太平洋前线创造了一个对抗崛起的中国的力量。与此同时，充满活力的经济增长正从大西洋转移到这片延伸的海域。他们共同赋予了旧世界新的生命。因此，像中国和印度这样的国家正在建设更可信的海军，以与日本和美国的海军相匹敌。通过这种方式，印度—太平洋可以成为一个更大的地中海，南海在其中扮演着战略中心的角色。这将使两大洋地区成为一个持续紧张的地区，在这个地区，强大的主角将让分歧长存。

如果东盟在这个总体框架下分裂，对任何人都没有什么用处。该地区的历史使其容易分裂，特别是大陆和群岛国家之间的分歧，这些国家倾向于从不同的方向寻找自己的福祉。然而，如果这些国家能够克服历史包袱，东盟可以在新旧世界关系的快速变化中发挥重要作用。如果它在关键问题上团结一致，它可以提供一座桥梁，帮助使这些关系和平和建设性。这不仅将帮助其成员国顶住施加在他们身上的压力，还将向所有大国表明，一个真正团结的东盟也许最符合它们的利益。

第六章　中国的南方人

　　前面我强调了东南亚在中国近代衰退中扮演的角色，以及该地区在世界秩序再次重组时变得越来越重要的新形象。中国的未来将比以往任何时候都更取决于它如何对待沿海领土和南方邻国。在这最后一章中，我想追溯中国历史上南北视角的变化，并描述造成中国统治者和精英阶层之间分歧的过程。第一批中国人出现在北方，但他们中大量的人在两千多年的时间里陆续向南迁移；值得注意的是，许多人继续通过祭拜、追忆北方先祖的遗存保持他们身份的延续性。然而，在南方定居，生活物质条件一直是非常充沛的，尽管中国政治和军事力量主要留在北方，但南方更容易适应新的挑战。

　　我自己在"研究中国"的过程中，经历了一次转折。我从小就认为中国传统的思想观念是铁板一块，但很快就意识到了在南海从事贸易的南方人和中国北方注重军事和政治的政权维系者之间的差距。当我在教授"早期现代史"和"中国和地中海史学"的特征时，我也学会了看到中国对大陆和海洋强国的矛盾心态。当我来研究"中华人民共和国在世界新秩序中重新定位的努力"

时，我可以看到中国南方比以往任何时候都更加重要。

当我作为一名本科生，开始我的第一门也是唯一一门中国史课程时，我认为每个人都知道中国在哪里，并认为中国5000年的历史是清晰易懂的。1947年，在南京的国立中央大学，一年级学生的必修课之一是中国通史。缪凤林先生的三卷书涵盖了大约5000年，直到20世纪，另外我还读了柳诒徵先生三卷本的《中国文化史》。他们都是当时领先的历史学家，我认为读这两部书就绰绰有余了。几年后，在新加坡和伦敦，我通过阅读其他几位历史学家的作品来补救这一点，其中最著名的是钱穆、陈寅恪、顾颉刚、傅斯年、周良，以及吕振羽、范文澜和翦伯赞等一批马克思主义历史学家的作品。到那时，我看到对中国的解读有许多不同的视角，而我距离了解它的历史还有很长的路要走。

文学一直是我的初恋，我没想到会成为一名历史学家，所以几年后我才意识到我错得有多离谱。在我大学第一年之后，国民党在内战当中表现得很糟糕，人民解放军到达了长江北岸。1948年11月，这所大学被解散，我回到马来西亚。然后，我在新加坡新成立的马来亚大学学习，在那里，我们攻读了三个科目，获得了三年的学士学位。我选择了英国文学和经济学。第三门课，我不想学地理，觉得历史会更有趣。

在我的第三年结束时，我选择了读历史来获得学士学位。在我的头三年里，我在学习了欧洲在亚洲活动的现代史：西方帝国的崛起，而亚洲是处在欧洲战略外围。在消灭帝国主义已经成为我们日常谈话的一部分的时候，这是一个引人入胜的故事。我从来不喜欢在学校里教授的英国和英联邦历史，但研究历史是不同的。令我惊讶的是，欧洲在亚洲的衰退及其在衰退过程中扮演的角色非常有趣。

我们的教授 C. N. 帕金森（C. N. Parkinson）教我们，如何使用莱佛士图书馆（Raffles Library）档案藏品中的原始资料。我寻找了一个与中国近代史有关的话题，看到孙中山和康有为及其支持者一直活跃在东南亚。在搬到其他地方之前，两人都曾在新加坡和槟榔屿短暂停留过。他们的生活有着传奇色彩，我借此机会了解了中国早期现代化努力的故事。帕金森教授帮助我去了香港寻找更多的文件，采访了还活着的早期改革家和革命家。这项工作很激动人心，我决定继续学习历史。

对于我的硕士研究生学位，我很失望地发现我不能继续从事中国现代史研究。在马来西亚的英国军队与当地华人主导的抗争作战之际，任何有关现代中国的事情都是可疑的。在中国大陆出版的书籍受到限制，使得研究者无法查阅想了解的中国档案。如果我想对中国进行研究，那就必须是一些前现代的东西。所以我选择研究中国人是如何在南海从事贸易的。

我早先的研究对象孙中山和康有为，都是来自珠三角的广东人。这让我意识到东南亚有几百万中国人，他们来自广东和福建两省，有着与我不同的背景。我的父母来自江苏，19 世纪父亲一家从河北南迁，在江苏，他们被当作北方的寄居者。我们家不讲南方方言，只讲一种更接近现代普通话的方言。我在马来西亚长大，确实学过一些方言，但我知道华南和我父母说的中国不同。我父亲教我阅读的古典诗文都集中在中国北方的著名作家和诗人身上，很少提到南方。然而，我毫不怀疑我们是有着同样历史的中国人。

在伦敦读研究生时,我第一次想研究明初与东南亚的关系,但我原本想跟随的那位教授要走了。所以我花了一年的时间在那里寻找另一个课题。我一直对分裂中华民国的众多军阀感到好奇,也对为什么统一中华如此困难感到好奇。但是,由于无法获得中国的档案,我只能研究早期的军事分裂,这将有助于我理解。这让我想到了唐朝灭亡后的五代十国时期,唐朝是中国历史上分裂最严重的时期之一。

我开始读到南方王国的故事:广东的南方汉人,福建的闽人,吴越。浙江的吴越和江苏的南唐,对他们为了生存而不得不战斗的方式很感兴趣,最后,是北方的宋朝皇帝统一了这个国家。这鼓励我把注意力集中在北五代,去发现这是怎么发生的。毕竟,文学经典投射了中国作为黄河世界的形象,核心思想和价值观是从河北平原、河南和山东平原、山西和陕西高地等中国文明的摇篮区产生的,而反映南方的作品很少。

一、来自北方

在研究中国历史的过程中,我逐渐看到北方人对中国南方的看法,以及南方人与中央政权的关系。他们的差异从何而来?他们之间有什么关联?这些都是我在研究中国北方时浮现出来的问题。当我 1957 年回到马来西亚时,我教授明清历史,从 15 世纪到鸦片战争。那是一个中国在东亚和东南亚占主导地位的时期,但后来中国的力量迅速衰落。通过十年来教授这门课程,我更好地理解了皇朝衰落及其衰落的轨迹,以及为什么这种现象以不同的方式主导了南北叙事。

谈到早期北方对中国南方的看法，至少有三个南方：东南部、西南部，以及更远的南方，前两者都与之相关。南方大部分地区居住着北方人所说的"百越人"或"南蛮"，而西南地区的人则分别被描述为"西南人"或"西南蛮"。更南边的民族没有单一的名字，但他们包括更远的民族，他们来到越境内的江边港口和西南的高地城镇进行贸易。

当秦汉统治者征服了南方，并巩固其政权时，百越的土地成为了中华帝国的一部分。在接下来的千年里，这些土地吸引了大量来自北方的定居者。在西南部，远道而来的定居者搬到了高地，中央政府无暇去管理西南边陲的这些人。最重要的变化发生在4世纪。那时"五胡（部落）"压倒了中原地区的华夏族——"五胡乱华"。"侵略者"是后来被称为突厥族、藏族、蒙古族和女真－满族的人的祖先，他们建立了16个王国，结束了汉代中国的统治。

他们的入侵导致了一系列北朝的建立，通过胡汉人民的合作。拒绝合作的汉人向南迁移，越过长江到达浙江和福建，江西和湖南的南部山谷，并越过山脉到达岭南地区。这些移民与难民有所区别，主要由拥有仆人和佣人随从的士人家庭组成，他们装备精良，能够在南部荒野中自卫。

因此，一个新的和更小的"中国"是在四个南方国家的继承下建立的宋、齐、梁、陈。然而，在北方，建立北魏拓跋王朝的拓跋人（魏）控制了局势，正是他们隋唐王朝的汉化后代将"南方中国"带回了自己的圈子。到那时，长三角地区的经济高度发达，帝国的增长中心从黄河平原南移。随着财富和文化信心的增长,南方的唐人可以夸口说,他们是比北方人更地道的中国人。

历史学家有时会问,那些不太中国化的北方人,是否比那些不完全中国化的南方人更中国?重要的是,北方人和南方人在不同的时期以不同的方式成为中国人。当我研究五代时期时,我惊讶地发现,北五代与那些建立在南方的王国有多么不同。中国人的华夷之辨,是"诸侯用夷礼则夷之,夷而进于中国则中国之。"

另一个令我感兴趣的问题是,这样一个分裂的中国如何能够再次成为一个国家。宋朝几乎统一了整个中原,成为继北方"五代"之后的第六个王朝,它也是由中原和拓跋军事领导人领导的一个王朝。然而,宋朝皇帝未能夺回已经成为契丹辽帝国一部分的16个郡县,包括现代北京周边地区。结果,在接下来的两个半世纪里,他们基本上处于守势,不断受到契丹辽、女真金和西夏等非汉族势力的压力。

在被女真军击败后,中国人被迫将首都迁往杭州。在那里,它的皇帝实际上是南方人,他们必须集中精力建立一个独立的宋国。这意味着在一种理想的庇护下建立一个王国,它的学者们必须重新定义"天下"的政治图景。他们这样做是通过重新解读儒家经典,同时汲取佛教和道教思想家和实践者的智慧来完成的。他们还借鉴了自汉朝灭亡以来一代又一代为南北朝服务的儒家官员的经验。于是,一个复兴的儒家思想体系聚集在一起,形成了新的正统学说——理学。就这样,中国南方可以说是拯救了文明核心价值观的中国。

这个成功的故事是建立在有进取心的南方人的才智基础上的,他们开发了沿海资源的经济潜力,同时也有一些精英移民,

第六章　中国的南方人

他们在中原人被迫南下的时候带来了自己的文化权威。新的儒家经典的出现，是经过了两个世纪的修订和更新，在令人沮丧的军事防备时期的产物。最后，这是中国统一时，从南到北的礼物，先是蒙元，后是明清。这里的悖论来自这样一个事实：与北方的分离使南方获得了自己的话语权，这使南方士人有权在重建中国之际，塑造未来的中国。

中国历史上的下一次政治变革来自中国以外的地方，因为宋朝的中国人未能将一个破碎的中国重新整合起来。当蒙古人最终击败西夏和女真时，忽必烈就打开了征服宋国的大门，整个中国再次统一起来，这是自9世纪以来没有统治者能够做到的。对中国南方来说，蒙古的征服是一个变革的时刻。中国历史上第一次不是由北方的华夏族统治，而是来自更远的北方蛮族统治。

那时的蒙古人是残暴和具有毁灭性的征服者。他们在打败宋朝之前，摧毁了他们征服的欧亚大陆大部分土地长达70年之久。他们统治世界的野心并没有止步于陆地边缘，他们甚至从中国沿海出发，征服大洋彼岸的国家。然而，忽必烈确实采纳了中国的合法性思想，将元朝视为辽金王朝和宋王朝的继承者。他不仅使整个中国团结在一起，92年后，他的继任者离开了一个统一的中国，让来自安徽的南方人朱元璋继承和重建一个属于汉人的明朝。

我之所以称之为转型，是因为中国南方的重新融入是完全成功的。又过了300年，长城外的满人也征服了整个中国。作为女真（金）的后代，他们声称知道中国应该如何治理。但是，与蒙古人不同的是，他们是满洲森林中的一个部落联盟，他们在进军中原时得到了蒙古同盟者的帮助。后来，清朝进一步向北和向西推进，并像蒙古人一样，创造了一个更大的"中国"，超越了传统的边界，跨过欧亚大陆。他们征服了西北地区，统治了藏人，重新绘制了被公认为历史性中国的地图。

清朝版图提醒我们，中国从来不是一个边界固定不变的国家、王国或帝国。比如秦、汉、隋、唐、宋、元、明、清都可以称为中国王朝，每一个朝代都有不同的边界，不像汉王朝、蒙元和满清都没有被狭义的"天下"概念所束缚。他们利用中国的经济资源支持他们的扩张，并以他们认为合适的方式管理汉人的领土。至于那些从未成为中国一部分的土地，他们划定了新的疆界，并对它们进行了相当独立的管理。就这样，蒙古的征服使统一中国的北方和南方问题变得越来越复杂。需要时间和耐心的是中国北部和南部的重新融合，以及南部已经奠定了一个新的帝国正统论的基础。

中国版图又有了一次变化，这次是在南方，结果同样持久。蒙古人从甘肃和四川西部向南进军云南，并把西南部的大部分土地纳入他们的帝国，即四川南部、云南、贵州和广西的西部地区。几个世纪以来，这些地区都有自己独立的国家，特别是南诏和大理两个王国。但是蒙古人做了其他中原征服者从未尝试过的事情。他们不仅横渡黄河、长江，还从西南方向征服汉族，双管齐下，摧毁了南宋。明代"新西南"的整合经历了一个漫长的过程，清代土司管理制度被系统地拆除。今天，这一制度的残余是保留给各少数民族或"民族"的自治镇和自治州，由中央任命的省级政府官员控制。

蒙古人从首都北京重新融入社会的过程是试探性的，明朝皇帝在驱赶蒙古人之后完成了这项任务。创始人首先将首都南移到南京，以确认新的定位，但永乐皇帝朱棣在父亲去世后篡位，将首都迁回北京。他是第一个从这座城市统治中国的汉朝皇帝，从那时起，政治权力的中心主要留在北方。今天的北京很大程度上是永乐规划和建设的城市。

此举意义深远。它起源于朱棣被封为燕王，并成为北京保卫北方边疆要地部队的首领。在至少30年的时间里，他面对蒙古族无休无止的攻击，作为一个充满活力的军事领袖，他广受尊敬。在北京的旧元宫殿里，他对帖木儿和蒙古突厥军队企图统治中亚和西亚的野心保持警惕。他的父亲复兴了中国传统的"天下"思想，并呼吁恢复汉和唐的荣耀，而他发展了一个更为广泛和包容的世界观。当他成为皇帝并决定返回首都北京时，他看到这将允许他收摄被称为蒙古人影响的天下观念，这是从北京辐射出的世界观。他反对帖木儿在欧亚大陆扩张的一个反应，就是把郑和的海军远征队送到印度洋，指向了更广阔的视角。

在蒙古人的统治下，被征服的宋朝的中国人被称为"南方人"，是元人的第四层与最底层。随着一个强大的中心驻扎在北方，南人士人不得不重新审视自己作为一个被遗弃的精英群体的地位。当他们思考自己的未来时，他们继续将自己视为儒家智慧的承载者，这种智慧在宋时就已绽放。他们小心翼翼地保存着这一形象，而历届蒙古统治者则转向道教和佛教，从中寻求精神指引。南方士人被统治者重新定位，统治者基本上对他们的才能漠不关心，这使他们能够保持自尊，并最终为他们赢得了恢复元代后期部分宋考制度的权利。

当明朝皇帝着手恢复中国的道德和政治价值观时，南方士人的坚忍不拔终于得到了回报。作为新儒家文化遗产的火炬手，他们被带回到政治中枢。这包括受命辅导皇室，主持所有的公职考试。南考毕业生担任高级职务，可以顶住北方精英减少的压力。先祖的遗址可能位于北方，但对这些文人来说，是他们来自南方的创新观念，使得中华文明的智慧得以继续升华。这让他们自豪地说，中国南方是一个无可挑剔的新儒家文明的真正家园。

二、充满活力的南方

南越人在南下定居之前对"中国人"的看法没有记载。我们对早期南越人的了解，很少见到关于被流放到南方的北方士人的记忆。有人留下了诗作和散文，里面的描述却一点都不像当地人。几个世纪以来，各族人民生活在一起，唐人形成了当地的风俗习惯和生活方式。只有受过教育的少数精英人，仍然尽可能地保留着他们的祖先带来的北方文化特征，特别是那些通过文学作品、儒家经典和一些佛教和道教文本传播的文化特征。

迁徙到南方的北方人适应了与故乡截然不同的地理环境，这一点很有意义。他们大多定居在流入中国东部和南部海域的较小河流的山谷中，并被山脉隔开。作为生活在这些山谷中的沿河族群，他们形成了不同类型的农业群落。那些靠近河口的地区发展出了贸易中心，其中一些贸易中心足够大，足以建立具有独特文化的地方王国。长江三角洲以南最好的例子是古代越国比长江小些的钱塘江，这里后来成了10世纪吴越国的基础，也是后来南宋的都城。再往南走的是其他扮演类似角色的人：闽江是古代闽粤人的故乡，10世纪后期是闽国，然后是像漳州的九龙江和潮州的汉江流域这样的小河，说闽语的人建立了自己的港口和航运中心，造就了一批最具冒险精神、活跃在东海和南海区域的商人。

在他们的西部，河流有一个不同的方向，并成为一个更大的政治单位的中心，这一点不亚于它的水系。那是著名的南越王国，首都在广州。这个强大的王国是在西江流域和东江流域发展起来的，这两条河流在珠江三角洲汇合，现在被称为珠江。这片富饶的农业用地在某些方面可以与长江三角洲相提并论，尽管这两条河没有长江那么壮观。南越王国确实产生了自己丰富的文化，但它并没有强大到足以抵御秦汉帝国的冲击。最后，与决定中国帝国形态的广阔北方平原形成鲜明对比的是，南越更像一个江河之国。

再往西是和南越同时代的另一个江河州。这就是越南北部红河沿岸发展出独特文化中心的罗越王国。秦汉帝国同样统治着这个王国，几个世纪以来它也受到中国北方的影响。但是很少有中国人移居到这里，在唐朝之后，越南人民的首领能够利用一些强大的中国式的机制建立自己的独立王国。

这些古老的南方王国成为相当大的沿河国家的遗址，但它们无法集合任何联合力量来挑战来自北方的军队，也没有能力接管整个中国。北方的军事优势来自于需要大规模共享资源，以处理易受洪水侵袭的大河和难以防御的开阔平原的相关问题。北方人必须学会如何处理他们控制的地区的权力分配。它要求这些中国人不断地进行大规模的战斗，从而帮助他们在军事上有良好的组织和强大的力量。

在南方水系中，大多数群落满足于彼此独立、各具特色城镇生活。在许多方面，中国南方的大部分地区与东南亚大陆地区的河水状况相似。在那里，靠近河口的港口城市也逐渐各自为政，成为王国甚至紧凑的小帝国的首都。靠近中国边境的最好例子是今天越南中部沿海的小港口城镇，那里的小河流流入南中国海。这些贸易中心作为一个独特的政体进行合作和运作，最初被中国人称为"象林邑"，后来被确定为尚巴或占城，但它们无法建立一个持久而强大的王国。同样，他们西边的海上贸易政体被称为阜南"扶南"。这让位于围绕湄公河流域系统建立的高棉帝国，（这是一个更成功的王国，以吴哥为中心的更大的柬埔寨高棉帝国）达到了顶峰。然而，即使是这样，也不能长期统治其河系以外的地区，最终被热带丛林淹没。

再往西，湄南河最终成为中国人称之为暹罗的王朝国家的中心，其统治者与邻近中国元和明时期的一些西南满族人有亲戚关系。暹罗成长为一个强大的王国，但从来没有安全地抵御来自他们西部的敌人，在那里，萨尔温河和伊洛瓦底江的三角洲地区提供了进入现代缅甸内陆的河流通道，其他高地民族也在那里建立了小乘佛教国家。然而，像所有其他国家一样，没有一个强大到足以建立持久帝国的地步。

因此，在不同时期，从钱塘江到珠江，再到东南亚大陆，一直到今天的缅甸，南部沿海至少有两类沿江国家。他们之所以分开，是因为秦汉和唐朝的北方人会在中国南方沿海停靠。到达海洋后，统治者们选择在陆地和海上建立驻军，以保卫沿海边界。一旦他们清楚地知道没有来自海上敌人的威胁，他们似乎就满足于这一点。即使是南方沿海的越族，后来变成了唐人，也没有寻求扩大中国的力量。他们满足于成为熟练的海员，可以指望他们在必要时作为帝国水手或在有机会的时候作为商人冒险穿越中国海。

自古以来，中国一直欢迎外商来华。然而，过了很长一段时间，中国商人才乘船前往沿海以南地区进行贸易。事实上，直到10世纪，才有证据表明中国人冒险走出南海到印度洋去获取异国产品，并与大量的东南亚市场建立贸易联系。再一次，是蒙古的入侵促进了中国向南的扩张。虽然蒙元是一个大陆强国，但它很好地利用了南宋最初建立的海军，以对抗契丹辽和女真人。忽必烈指出，中国南方人是卓越的水手和造船工人，他们利用海军来开展他们的帝国冒险。

南部省份浙江、福建和广东是建造船的最好地方。当地人冒险到公海捕鱼和贸易，经过许多世纪，他们已经成为知道如何应对波涛汹涌的海面和台风的无所畏惧的水手。南宋经济越来越依赖于他们带到中国海岸的贸易。然而，忽必烈接手后，他走得更远。他将宋代海军视为进一步发挥影响力的工具，并利用这些中国水兵帮助他寻找其他可以征服的地方。他派海军向东进攻日本，向南进攻越南和尚巴，甚至向南航行到爪哇。

简而言之，在郑和之前的120年，忽必烈以侵略性的方式向南方打开了中国。事实证明，他自己的尝试并没有带来太多的结果，他似乎并不真正清楚自己这样做的目的。然而，在陆地上，蒙古人进军云南和贵州的西南深处时表现得更好，但当他们试图征服越南、尚巴和缅甸时，他们甚至又不惜架设桥梁。但作为来自辽宁省阔草原的骑兵，他们根本无法应付东南亚的丛林。尽管如此，他们所做的改变仍然留存至今。几十年来，蒙古人使西南地区成为中国南方不可分割的一部分，从而勾勒出了中国与东南亚之间的边界，这些边界至今基本保持不变。

至于帝国统治截止的水边，中国对来自南海以外港口和王国的海上贸易开放。到郑和出征海军时，中国人已经成为中国和印度洋之间最大的贸易集团之一。这种海军力量的展示确实对15世纪后该地区的贸易格局产生了影响。另一方面，郑和的结论是，明朝不需要害怕严重的敌人，所以永乐皇帝的继任者停止了远征，把海上贸易主要留给了外国商人。在接下来的400年里，北京的官员几乎忘记了海军。清王朝的继任者从来没有兴趣将他们的经济利益扩展到海外。

众所周知，明朝是如何将所有的对外贸易纳入一个复杂的朝贡体系的。他们意识到，他们面临来自北方的威胁，并正式建立了一个系统，使他们的官员能够发布命令，直接控制所有的对外贸易，加上海禁政策，这阻止了中国商人的海外贸易，而外国人被允许在朝贡条件下入境。该体系受到严格监管，限制了贸易。然而，广东和福建的有进取心的人从来没有让这些规则受到太多的阻碍。他们继续进行私人交易，尽管其中大部分被谴责为"走私"或"非法"，那些未经许可而交易的人受到了严厉的惩罚。

这一时期，南方士人与商人、工匠阶层的观念差异更加突出。几个世纪以来，一直被拒绝直接进入北方文化古都的文人，大批向北前往北京的权力中心，效忠于朝廷。他们在朝廷中的角色和在考试中压倒性的优势，使他们在北方享有前所未有的影响力和威望。结果，他们几乎没有注意到南方的同胞、贸易阶级，甚至农民和渔民，对他们的印象都不那么深刻。后者再往南看，看到他们的幸福与了解南海和邻近港口有关。他们非常重视海外贸易的自由和欢迎更多外国商人到中国来的机会。

这种关注点的差异，使得关注北方政治权力的士大夫阶层，与那些被帝国内外的财富发展所吸引的普通民众区分开来。商人和工匠们无止境地进取，成为敢于冒险的人，他们不断地寻找机会与跨海机构发展有利可图的关系。不幸的是，那些将目光转向北方的人没有意识到这股对国家经济发展的巨大潜流。

19世纪末，明清精英们对南方的外敌可能是危险的观念的相对漠视，其后果终于显现出来。即使在两次鸦片战争失败后，支持清皇帝的士人也相信南部边界是可以管理的。虽然意识到南海以外的王国和港口的态度改变了，并停止了进贡，但大多数士人仍然认为英国、法国的海军并不是一个潜在的威胁，他们认为在驻军的支持下，来自北方的行政人员将足以保护南部海岸。

在1911年王朝制度被取代，士人文明传统几乎完全毁灭之后，这个错误继续持续了几十年。军方领导人为夺取权力而相互争斗，外国利益继续决定中国的权力竞争者应该做什么。在民众当中，现代学校的新一代学生被解放出来，到其他地方寻找启蒙和更好的东西，特别是在科学、商业和工业企业中，现代知识更符合大多数中国人想要获得的进步。

这使得20世纪的头几十年成为中国历史上思想最活跃的时期之一。寻求现代化的中国人想要尽其所能地学习，使他们能够把中国建设得与帝国主义列强一样强大和繁荣，新的民族意识也试图恢复对中国过去成就的自豪感。总而言之，这就像是从孙中山以来的中国领导人要分享的"中国梦"，一个在不失去使他们成为中国人的价值观的情况下尽可能现代化的梦想。

梦想的核心是作为一个国家内部各族群的融合，形成一个新的中华民族，这仍然是一个持续的过程。有一种趋势尤为突出，这就是沿海城市中有事业心的南方人日益增长的影响力，他们掌握了新的商业和工业方法，对经济机会有不同的态度。他们中的大多数人长期以来一直与喜欢冒险的外国人交流，敏锐地意识到中国的现代发展需要什么。随着传统的士人政府下台，他们推动了帮助国家复兴的新途径。

然而，由于与外国企业的密切联系，这些商业领袖遭遇到了阻力。反对这些联系的爱国青年，那些理想主义者选择支持反帝目标，并迎接中国共产党在 1949 年的胜利。在建立新中国政治的精英中，摒弃过去，重新开始，实现社会主义的天下。这在很大程度上逆转了早先的现代化努力，经济停滞不前。因此，政权回到了政治和军事精英的传统地位，主宰着中国人的生活命运，迫使进取的南方人扮演他们惯常的边缘角色。

改革开放，最终是基于现代市场经济主要是海上经济的想法。自 18 世纪以来，资本主义最成功的时候是利用公海，特别是在大西洋、印度洋和太平洋相互连接之后，这给了北大西洋国家很大的优势。他们的经济增长大部分来自工业和技术发明，这些发明利用海洋向四面八方伸展开。

改革政策是通过反思西方在海洋新全球化的成功而制定的。通过认识到市场经济在多大程度上依赖于开放的海洋前景，使中国自 20 世纪 80 年代以来以惊人的速度发展。毫无疑问，改革开放政策确实是一次伟大的飞跃，而拥有开放市场经济经验的中国南方人在这一转变中发挥了至关重要的作用。1992 年是另一个历史转折点：为了一个"中心"（经济发展），各族群融合在一起，北方的政治精英加入了南方的商业精英行列，帮助开放经济。这两个例子可能都是在整个国家在经历了数十年的封闭后，处于混乱状态的情况下快速开放的后果。政治动乱是不幸的，但在那种情况下又是不可避免的。当然，这并不否认激烈的政治变革给大多数中国人民带来了巨大的利益。

这让我想到了深深影响中国南方的另一个后果。历史上第一次，中国公开宣称他们需要海军力量来保护他们广泛的经济利益。不足为奇的是，中国的海上拓展已成为其未来发展的核心，深刻理解了捍卫中国海洋利益的必要性。

三、南中国海的未来

在中国更南边不断变化的情况之下，无论是在海上还是在陆地上，显然需要比以往任何时候都更加密切的关注。最近的事件清楚地表明，战后的英美大国将东南亚视为新战略区域的潜在中心。正如上一章所概述的那样，该地区有一段不平凡的历史。从一些独立的贸易王国和自治的港口城市，它们成为西方统治的领土。尽管如此，他们的人民仍然以他们的社区利益为荣，并设法从从属时期吸取教训。今天，他们正在致力于建设具有鲜明身份的民族国家，他们的领导人满怀激情，致力于保护国家的主权。尽管建国过程暴露了内外的各种紧张局势，但领导人作为地区协会的成员走到了一起,以维护自己的利益,以抵御涉及美国、中国、印度和日本等国的大国竞争。

该地区有着高度多样化和经常分裂为小政体的复杂历史,他们能够选择一起合作是不容易的。在越南战争期间,它被分成两部分。这些国家担心共产党在越南的胜利会导致其他国家落入共产党的控制之下,从而导致多米诺骨牌效应,于是泰国和四个海国加入东南亚国家区域联盟(ASEAN),即"东盟"。战争结束,越南统一后,东盟开始通过在超级大国之间采取中立立场,为该地区发挥有益的作用。

在越南和柬埔寨的冲突期间,东盟站在柬埔寨一边进行干预。这导致支持柬埔寨的中国重新评估其政策,并发展与协会的友好关系。到20世纪90年代冷战结束时,情况发生了如此大的变化,东南亚所有10个国家都有可能搁置分歧。1999年,大陆上四个反资本主义国家全部同意加入原东盟六个国家,使该组织充分代表整个地区。

到那时,中国已经在全球范围内参与了海上市场经济,有效地将其与西欧和美国联系在一起。令所有人惊讶的是,中国领导人迅速采取行动,提出了东盟—中国自由贸易区,并支持有关倡议,使东盟的商业利益更接近中国自己的商业利益。我刚才提到了中国与东南亚八个国家共享的南海的历史进程。当中国宣布对该海域的珊瑚礁和岛屿拥有主权时,这引起了国际法专家和石油公司的注意。许多人认为分歧可以系统地解决,但事实并非如此。当中国成为世界第二大经济体并表现出控制其主权主张的决心时,其造岛活动导致美国强调其海军的航行自由。再加上两个大国之间的意识形态差异，中国的主张被认为是对几个东盟国家安全和主权的潜在威胁。

中国南方比以往任何时候都更加开放。他们对任何对主权的威胁都很敏感。我强调这一点，是因为它有助于解释过去几年中国产生的最大的想法是什么。这就是旨在为未来经济增长创造更多机会的"一带一路"倡议。然而，该倡议的主要特点是，它既是陆上的，也是海上的，跨越几千年来一直是东半球的地区。这使得中国领导人将陆地战略和海洋战略并列在一起，标志着他们理解平衡的方法对于促进他们的长期利益至关重要。

古老的陆上丝绸之路和通往沿海港口的通道是这一愿景的两个方面，要求中国在同时朝着两个方向发展的同时，捍卫自己的国家目标。然而，西进北进的陆路带和东进南进的海上公路是有区别的。中国人知道自己的历史，所以他们预计每一个国家面临的挑战都会有所不同。自蒙古帝国结束以来，横跨欧亚大陆的陆路运输带进入欧洲市场一直没有吸引力。中国了解投资这条路线的成本和风险，中国领导人不太可能指望它的现代表现形式为自己买单。例如，冷战结束时，中国发起了"上海合作组织"，并向几个中亚国家提供了合作和援助。很明显，地缘政治优势而非利润是每个人的心头所想，而事实上，这仍然是促使"上合组织"邻国加入该组织的问题。

然而，中国南部则是另一番景象。它目前是未来经济发展的中心，为中国的海上联系保持水域安全从未如此重要。历史上第一次，南方成为中国国家利益存在的核心议题之一。至少有三个维度是新的。

首先，中国明白，经济全球化的活力在很大程度上取决于中国的企业家和金融家，以及那些在中国南方总是倍受欣赏的有创造力的实业家。今天，中国领导人强烈支持他们为南方的"一带一路"布局制定尽可能好的方法，从而确保所有参与者的经济持续增长。

第二，中国南部的国家，历史上不是一些在总体的国际体系中的主权国家。它们的新地位要求它们受到尊重，它们组织起来在一个不确定的世界中保护它们的独立自主权。这并不是说东盟现在在所有共同关心的问题上都是团结一致的。显然，它的成员国仍在努力寻找在几个关键问题上变得更加团结的方法。但事实上，该协会已经走了这么远，没有任何迹象表明，它们之间的纽带会崩裂。显然，所有成员国都明白，它们尽可能多的合作是多么重要。就中国领导人的理解，他们需要尽一切努力帮助东盟各国团结一致，不允许外部势力在它们之间制造不必要的分歧。

第三，南中国海已经成为美中关系紧张的根源。因此，这个话题现在涉及国家中有的与海洋不接壤，涉及日本、澳大利亚等美国盟国和一些欧盟国家。在美国对中国崛起为全球经济大国的反应中，海洋已经成为焦点。因此，保持团结对于该区域比以往任何时候都更加重要，面对这种敌对的严酷现实。巧合的是，当美国人通过将目标从亚太地区转移到印度—太平洋地区来重新定义他们的战略关切时，这一决定实际上使东南亚成为竞争大国的核心。就中国人而言，他们南部沿海的水域比以往任何时候都更容易成为危言耸听的猜测对象，这加剧了中国长期以来受到的批评和关注。

这些都是中国南方的新问题，随着中国领导人应对未来的挑战，预计中国企业家阶层将发挥更大的作用。东盟还面临着战略角色的变化，因为它的跨洋位置。它的成员国将不得不学会对必然出现的紧张局势做出迅速反应。2018年11月，世界主要领导人在东盟会议上会晤时，扩大了目前东盟成员国更为关注的战略问题范围。没有人知道这个地区如何能够帮助解决对和平与繁荣的可能带来的威胁。如果中国或美国坚持认为东盟未来有时间决定支持哪一方，那么东盟与其伙伴国之间的定期会晤可能还不够。

中国并不认为东盟的团结是理所当然的。特别是，那些决心在该地区提升自身利益的中国企业家团体意识到，中国沿海现在要复杂得多，要确保国家领导人充分了解沿海和海上外联的要求。此外，即使是那些已经认识到在工作中需要密切协调的人，他们也必须处理由于东盟陆地边界经济体的不同要求而产生的相关问题。"一带一路"提出的将中国西南各省与南海和孟加拉湾通过越南、老挝、泰国和缅甸连接起来的各种建议，都表明了在这个更广阔的南方新区域的重要性。显然，它们提出了各种各样的挑战，需要丝绸之路倡议的双方相互支持。

此外，现在东南亚有数百万华裔定居者，他们忠于各自的民族国家。华南地区的大多数人都能与这些社区建立联系，并懂得如何谨慎地与他们交往。但那些在中央精英阶层中的领导人，特别是那些来自北方的精英，并不总是觉得这些地方化的社区容易理解。如果他们希望这些华裔公民在他们国家与中国的关系中发挥积极作用，他们就必须对自己的地方利益以及他们所居住的国家的利益拿捏好分寸。

最后一点要说明的是，东盟现在正被重新设想为所有大国的战略区。这是因为过去两个世纪以北大西洋为中心的经济活力，正在向旧世界东南部地区转移。这始于第二次世界大战结束后，当时整个美洲的经济增长向西转向太平洋。最近，主要的转移是从欧洲向东转移到印度洋。因此，中国的"一带一路"倡议利用了新的发展机遇，将长期利益扩大到一个复兴的旧世界。

如此果断的举动不太可能是直截了当的，正如美国决定重新定义其在印度—太平洋地区的关键战略利益所表明的那样。千百年来，西太平洋和印度洋一直是各种旧世界主角进行贸易的地方，在那里，思想、文化和货物的交流是在相对和平的条件下进行的。这些历史关系表明，旧世界一直是相互联系的。重新回顾这段历史，可以帮助有关人民恢复确保这个更大的贸易区的每一部分都能从中受益的条件。被太平洋彼岸霸权国家重新定义的印太地区，现在已经成为未来一种不同的战略区域。这意味着，随着经济从北大西洋转移，东南亚作为唯一面对两大洋的地区将变得比以往任何时候都更加重要。这个地区虽然不是中国的一部分，但肯定是与中国南方有关联的一部分。

参考书目

中文参考书目

包茂红，李一平，薄文泽.东南亚历史文化研究论集［M］.厦门：厦门大学出版社，2014.

晁中辰.明代海禁与海外贸易［M］.北京：人民出版社，2005.

蔡崇榜著：《宋代修史制度研究》，台北：文津出版社，1991。

陈乔之主编：《面向21世纪的东南亚：改革与发展》，广州：暨南大学出版社，2000。

《邓小平文选》（第一卷）1938-1965，北京：人民出版社，1989。

《邓小平文选》（第二卷）1975-1982，北京：人民出版社，1984。

《邓小平文选》（第三卷）1982-1992，北京：人民出版社，1993。

葛兆光著：《宅兹中国：重建有关"中国"的历史论述》，北京：中华书局，2011。

葛兆光著：《何为中国：疆域、民族、文化与历史》，香港：牛津大学出版社，2014。

葛兆光著：《历史中国的内与外：有关"中国"与"周边"概念的再澄清》，香港：香港中文大学出版社，2017。

陈敏之，罗银胜编：《顾准文集》，福州：福建教育出版社，2010。

顾昕著：《中国启蒙的历史图景：五四反思与当代中国的意识形态之争》，香港：牛津大学出版社，1992。

贺圣达、王文良、何平著：《战后东南亚历史发展》1945-1994，昆明：云南大学出版社，1995。

贺圣达、陈明华、马勇、孔建勋著：《世纪之交的东盟与中国》，昆明：云南大学出版社，2001。

胡鞍钢、鄢一龙、魏星著：《2030中国迈向共同富裕》，北京：中国人民大学出版社，2011。

胡道静主编：《国学大师论国学》，上海：东方出版中心，1998。

李伯重著：《多视角看江南经济史，1250-1850》，北京：生活·读书·新知二联书店，2003。

李庆新著：《濒海之地——南海贸易与中外关系研究》，北京：中华书局，2010。

林仁川著：《明末清初私人海上贸易》，上海：华东师范大学出版社，1987。

《江泽民文选》共三册：北京：人民出版社，2006。

金灿荣著：《十八大以来中国外交》，北京：中国人民大学出版社，2017。

李君如著：《当代中国的马克思主义：邓小平理论》，郑州：河南人民出版社，1994。

李君如著：《邓小平——当代中国马克思主义的创立者》，上海：上海人民出版社，1995。

李泽厚著：《中国现代思想史论》，合肥：安徽文艺出版社，1994。

梁漱溟著：《东西文化及其哲学》，陈政，罗常培编录，上海：商务印书馆，1934（1922）。

梁漱溟著：《中国文化要义》，上海：上海书店，1989。

刘明福著：《中国梦：后美国时代的大国思维与战略定位》，北京：中国友谊出版公司，2010。

《刘少奇选集》（上卷）：北京：人民出版社，1981。

《刘少奇选集》（上卷）：北京：人民出版社，1985。

《毛泽东文集》（共八册）：北京：人民出版社，1993。

潘维主编：《中国模式：解读人民共和国的60年》，北京：中央编译出版社，2009。

乔治忠著：《中国官方史学与私家史学》，北京：北京图书馆出版社，2008。

钱穆著：《中国历代政治得失》，香港：新华出版社，1956。

钱穆著：《从中国历史来看中国民族及其中国文化》，香港：香港中文大学出版社，1979。

霍林东著：《唐代史学论稿》增订本，北京：高等教育出版社，2015。

霍林东著:《中国史学的理论遗产》,北京:北京师范大学出版社,2005。

时殷弘著:《全球性挑战与中国:多事之秋与中国的战略需要》,长沙:湖南人民出版社,2010。

宋永毅主编:《文化大革命:历史真相和集体记忆》,香港:田园书屋,2007。

吴敬琏著:《当代中国经济改革教程》,上海:上海远东出版社,2010。

吴敬琏著:《吴敬琏自选集》,北京:学习出版社,2009。

许倬云著:《我者与他者:中国历史上的内外分际》,香港:香港中文大学出版社,2009。

许倬云著:《说中国:一个不断变化的复杂共同体》,桂林:广西师范大学出版社,2015。

陈永发、沈怀玉、潘光哲(访问许倬云),周维朋(记录)著:《家事、国事、天下事:许倬云八十回顾》,香港:香港中文大学出版社,2011。

《习近平谈治国理政》(两册):北京:外文出版社,2014。

相蓝欣著:《2025中国梦:中国不是"崛起"而是"东山再起"》,长沙:湖南人民出版社,2010。

熊景明、宋永毅、余国良主编:《中外学者谈文革》,香港:香港中文大学当代中国文化研究中心,2018。

杨国侦著:《闽在海中:追寻福建海洋发展史》,南昌:江西高校出版社,1998。

阎学通著:《中国国家利益分析》,天津:人民出版社,1996。

阎学通等编:《中国与周边中等国家关系》,北京:社会科学文献出版社,2015。

余英时著:《现代儒学论》,新加坡:八方文化创作室,1996。

余英时著:《犹记风吹水上麟:钱穆与现代中国学术》,台北:三民书局,2015。

俞新天著:《探索中国与世界的互动:现代化、地区合作与对外战略》,上海:上海人民出版社,2012。

赵汀阳著:《天下体系:世界制度哲学导论》,北京:中国人民大学出版社,2011。

郑必坚著:《关于历史机遇和中国特色社会主义的战略道路》,上海:上海人民出版社,2005。

郑筱筠主编:《东南亚宗教与社会发展研究》,北京:中国社会科学出版社,2013。

外文参考书目

Alitto, Guy. *The Last Confucian: Liang Shu-ming and the Chinese Dilemma of Modernity*[M]. Berkeley, CA: University of California Press, 1978.

Andrade, Tonio. *Lost Colony: The Untold Story of China's First Great Victory Over the West*[M]. Princeton, N.J.: Princeton University Press, 2011.

Antony, Robert J., ed. *Elusive Pirates, Pervasive Smugglers: Violence and Clandestine Trade in the Greater China Seas*[M]. Hong Kong: Hong Kong University Press, 2010.

Antony, Robert J. and Angela Schottenhammer, eds. *Beyond the Silk Roads: New Discourses on China's Role in East Asian Maritime History*[M]. Wiesbaden: Harrassowitz Verlag, 2017.

Barme, Geremie and Linda Jaivin, eds. *New Ghosts, Old Dreams: Chinese Rebel Voices*. New York: Times Books, 1992.

Bo Zhiyue. China's Elite Politics: Governance and Democratization. Singapore: World Scientific, 2010.

Bodde, Derk. *Essays on Chinese Civilization*, edited by Charles Le Blanc and Dorothy Borei. Princeton: Princeton University Press, 1981.

Callahan, William A. and Elena Barabantseva, eds. *China Orders the World: Normative Soft Power and Foreign Policy*. Washington, D.C.: Woodrow Wilson Center Press and Baltimore: Johns Hopkins University Press, 2011.

Chang Hao. Chinese Intellectuals in Crisis: Search for Order and Meaning(1890–1911). Berkeley, CA: University of California Press, 1987.

Chesneaux, Jean, ed. *Popular Movements and Secret Societies in China, 1840–1950*. Stanford: Stanford University Press, 1973.

Cheung, Fanny M. and Ying-yi Hong, eds. Regional Connection under the Belt and Road Initiative: The Prospects for Economic and Financial Cooperation. London: Roudedge, 2018.

Ch'i Hsi-sheng. Politics of Disillusionment: The Chinese Communist Party under Deng Xiaoping 1978—1989. New York: M.E. Sharpe, 1991.

Chow Tse-tsung. The May Fourth Movement: Intellectual Revolution in Modem China, 1915-1924. Cambridge, MA.: Harvard University Press, 1960.

Clark, Hugh R. Community, Trade, and Networks: Southern Fujian Province from the Third to the Thirteenth Century. Cambridge, UK; New York: Cambridge University Press, 1991.

Cooke, Nola and Li Tana, eds. Water Frontier: Cdhtmerce and the Chinese in the Lower Mekong Region, 1750-1880. Singapore: Singapore University Press, 2004.

Dikotter, Frank. The Cultural Revolution: A People's History 1962—1976. London: Bloomsbury, 2016.

Dirlik, Arif. *Anarchism in the Chinese Revolution*. Berkeley, CA: University of California Press, 1993.

Dirlik, Arif. *Marxism in the Chinese Revolution*. Lanham, Maryland: Rowman & Littlefield Publishers, Inc., 2005.

Eastman, Lloyd E. *The Abortive Revolution: China under Nationalist Rule, 1927—1937*. Cambridge, MA: Harvard University Press, 1974.

Faribank, John K. and Denis Twitchett, eds. *The Cambridge History of China*. Cambridge: Cambridge University Press, 1978—2015.

Fitzgerald, C.P. The Southern Expansion of the Chinese People: "Southern Fields and Southern Ocean". London: Australian National University Press, 1972.

Carver, John W. Protracted Contest: Sino-Indian Rivalry in the

Twentieth Century. Seattle: University of Washington Press, 2001.

Goldman, Merle, Timothy Creek and Carol Lee Hamrin, eds. *China's intellectuals and the State: In Search of a New Relationship.* Harvard Contemporary China Series, The Council on East Asian Studies. Cambridge, MA.: , Harvard University, 1987.

Guo Xuezhi. The Ideal Chinese Political Leader: A Historical and Cultural Perspective. Westport, CT: Praeger Publishers, 2001.

Guo Xuezhi. China's Security State: Philosophy, Evolution, and Politics. New York: Cambridge University Press, 2012.

Hamashita, Takeshi. *China, East Asia and the Global Economy: Regional and Historical Perspectives*, edited by Linda Grove and Mark Selden. Abingdon, Oxon; New York, NY: Roudedge, 2008.

Hang Xing. Conflict and Commerce in Maritime East Asia: The Zheng Family and the Shaping of the Modern World, c. 1620–1720. Cambridge: Cambridge University Press, 2015.

Hsiao Kung-chuan. A Modern China and a New World: K'ang Yu-wei, Reformer and Utopian, 1858—1927. Seattle: University of Washington Press, 1975.

Hsu Cho-yun. Ancient China in Transition: An Analysis of Social Mobility, 722—222 B.C. Stanford: Stanford University Press, 1965.

Huang Jing. *Factionalism in Chinese Communist Politics.* New York: Cambridge University Press, 2000.

Huang, Philip C. Civil Justice in China: Representation and

Practice in the Qing. Stanford: Stanford University Press, 1996.

Hung Ho-Fung. *The China Boom: Why China will not Rule the World*. New York: Columbia University Press, 2015.

Ikenberry, G. John, Wang Jisi and Zhu Feng, eds. America, China, and the Struggle for World Order: Ideas, Traditions, Historical Legacies, and Global Visions. New York, NY: Palgrave Macmillan, 2015.

Jacques, Martin. When China Rules the World: The End of the Western World and the Birth of a New Global Order. New York: Allen Lane, 2009.

Jenner, W.J.F. The Tyranny of History: The Roots of China's Crisis. London: Allen Lane, 1992.

Johnson, Chalmers. *Peasant Nationalism and Communist Power*. Stanford: Stanford University Press, 1962.

Kirby, William C., ed. *Realms of Freedom in Modem China*. Stanford: Stanford University Press, 2003.

Lampton, David M. *Following the Leader: Ruling China, from Deng Xiaoping to Xi Jinping*. Berkeley, CA: University of California Press, 2014.

Langlois, Jr., John D., ed. *China under Mongol Rule*. Princeton: Princeton University Press, 1981.

Leibold, James. Reconfiguring Chinese Nationalism: How the Qing Frontier and its Indigene Became Chinese. New York, N.Y.: Palgrave Macmillan, 2007.

Levenson, Joseph R. *Confucian China and its Modem Fate*. 3 vols. Berkeley, CA: University of California Press, 2008.

Li Cheng. *Chinese Politics in the Xi Jinping Era: Reassessing Collective Leadership*. Washington, DC: Brookings Institution Press, 2016.

Li Nan, ed. *Chinese Civil-Military Relations*. New York: Roudedge, 2006.

Liang Shuming. The Philosophy of Eastern and Western Cultures. The Commercial Press, 1991.

Lieberthal, Kenneth. *Governing China: From Revolution through Reform*, 2nd edition. New York: W.W. Norton & Company, Inc., 2004.

Lieberthal, Kenneth, Cheng Li and Yu Keping, eds. *China's Political Development: Chinese and American Perspectives*. Washington, DC: Brookings Institution Press, 2014.

Lin Yu-sheng. The Crisis of Chinese Consciousness: Radical Antitraditionalism in the May Fourth Era. Madison: University of Wisconsin Press, 1978.

MacFarquhar, Roderick. *The Origins of the Cultural Revolution*, 3 vols. New York: Oxford University Press, 1974, 1983, 1997.

MacFarquhar, Roderick and Michael Schoenhals. *Mao's Last Revolution*. Cambridge, MA.: Harvard University Press, 2006. *

Moloughney, Brian and Peter Zarrow, eds. Transforming History: The Making of a Modem Academic Discipline in Twentieth

Century China. Hong Kong: Chinese University Press, 2011.

Muni, S.D. China's Strategic Engagement with the New ASEAN: An Exploratory Study of China's Post-Cold War Political, Strategic and Economic Relations with Myanmar, Laos, Cambodia and Vietnam. Singapore: Institute of Defence and Strategic Studies, Nanyang Technological University, 2002.

Narine, Shaun. *Explaining ASEAN: Regionalism in Southeast Asia*. Boulder, CO: Lynne Rienner Publishers, 2002.

Ng Chin-keong. Boundaries and Beyond: China's Maritime Southeast in Late Imperial Times. Singapore: NUS Press, 2017.

Ooi Kee Beng. The Eurasian Core and Its Edges: Diabgues with Wang Cungwu on the History of the World. Singapore: ISEAS, 2014.

Perdue, Peter C. *China Marches West: The Qing Conquest of Central Eurasia*. Cambridge, MA: Harvard University Press, 2005.

Pieke, Frank N. The Good Communist: Elite Training and State Building in Today's China. New York: Cambridge University Press, 2009.

Po, Ronald C. The Blue Frontier: Maritime Vision and Power in the Qing Empire. Cambridge, UK: Cambridge University Press, 2018.

Pye, Lucian W. *The Mandarin and the Cadre: China's Political Cultures*. Ann Arbor: Center for Chinese Studies, University of Michigan, 1988.

Schram, Stuart R., ed. *Foundations and Limits of State Power in China*. London: School of Oriental and African Studies, University of London and Hong Kong: Chinese University of Hong Kong Press, 1987.

Schwarcz, Vera. The Chinese Enlightenment: Intellectuals and the Legacy of the May Eourth Movement of 1919. Berkeley, CA: University of California Press, 1986.

Schwartz, Benjamin I. *The World of Thought in Ancient China*. Cambridge, MA: The Belknap Press of Harvard University Press, 1985.

Shambaugh, David, ed. *Power Shift: China and Asia's New Dynamics*. Berkeley, CA: University of California Press, 2005.

So, Billy K.L. Prosperity, Region, and Institutions in Maritime China: The South Fukien Pattern, 946-1368. Cambridge, Mass.: Harvard University Asia Center, 2000.

Spence, Jonathan D. The Gate of Heavenly Peace: The Chinese and Their Revolution, 1895-1980. New York: Viking Press, 1981.

Sukma, Rizal. Indonesia and China: The Politics of a Troubled Relationship. New York: Routledge, 1999.

Tang Tsou. The Cultural Revolution and Post-Mao Reforms: A Historical Perspective. Chicago: University of Chicago Press, 1986.

Teiwes, Frederick C. *Leadership, Legitimacy and Conflict in China*. Armonk, NY: M.E. Sharpe, 1984.

Teiwes, Frederick C. Politics and Purges in China: Rectification and the Decline of Party Norms, 1950—1965. Armonk, NY: M.E. Sharpe, 1993.

Tu Wei-ming, ed. *The Living Tree: The Changing Meaning of Being Chinese Today.* Stanford: Stanford University Press, 1991.

Twitchett, Denis. *The Writing of Official History under the T'ang.* Cambridge: Cambridge Press, 1992.

Unger, Jonathan, ed. *Chinese Nationalism.* New York: M.E. Sharpe, 1996.

Unger, Jonathan, ed. *The Nature of Chinese Politics: From Mao to Jiang*, Armonk, New York: M.E. Sharpe, 2002.

Van Dyke, Paul A. Merchants of Canton and Macao: Politics and Strategies in Eighteenth-century Chinese Trade. Hong Kong: Hong Kong University Press, 2011.

Vogel, Ezra F. *Deng Xiaoping and the Transformation of China.* Cambridge, MA: Harvard University Press, 2011.

Wade, Geoff, ed. *China and Southeast Asia.* Six volumes. New York: Routledge, 2008.

Wade, Geoff and James K. Chin, eds. *China and Southeast Asia: Historical Interactions.* London: Routledge, 2018.

Wakeman, Jr., Frederic. The Great Enterprise: The Manchu Reconstruction of Imperial Order in Seventeenth-Century China. Berkeley, CA: University of California Press, 1985.

Wang, Edward Q. Inventing China through History: The May Fourth Approach to Historiography. Albany, NY: State University of New York Press, 2001.

Wang Gungwu and Ng Chin-keong, eds. *Maritime China in*

Transition, 1750–1850. Wiesbaden: Harrassowitz, 2004.

Wang Gungwu. *The Chineseness of China: Selected Essays*. Hong Kong: Oxford University Press, 1991.

Whearon, Henry. Elements of International Law: With a Sketch of the History of the Science. Philadelphia: Carey, Lea & Blanchard, 1836.

White III, Lynn T. Policies of Chaos: The Organizational Causes of Violence in China's Cultural Revolution. Princeton: Princeton University Press, 1989.

Wiens, Herold J. China's March toward the Tropics: A Discussion of the Southward Penetration of China's Culture, Peoples, and Political Control in Relation to the Non-Han-Chinese Peoples of South China and in the Perspective of Historical and Cultural Geography. Hamden, Conn.: Shoe String Press, 1954.

Womack, Brandy, ed. *Contemporary Chinese Politics in Historical Perspective*. Cambridge: Cambridge University Press, 1991.

Wong, John. *Zhu Rongji and China's Economic Take-off*. London: Imperial College Press, 2016.

Wong, John & Zheng Yongnian, eds. *The Nanxun Legacy and China's Development in the Post-Deng Era*. Singapore: Singapore University Press, 2001.

Wong, John D. Global Trade in the Nineteenth Century: The House of Houqua and the Canton System. Cambridge, U.K.: Cambridge University Press, 2016.

Wong Young-tsu, Search for Modern Nationalism: Zhang Binglin and Revolutionary China, 1869-1936. Hong Kong: Oxford University Press, 1989.

Wu Yiching. The Cultural Revolution at the Margins: Chinese Socialism in Crisis. Cambridge, MA: Harvard University Press, 2014.

Yan Jiaqi and Gao Gao. *Turbulent Decade: A History of the Cultural Revolution*. Translated and edited by D.W.Y. Kwok. Honolulu: University of Hawaii Press, 1996.

Yang Bin. Between Winds and Clouds: The Making of Yunnan (second century BCE to twentieth century CE). New York: Columbia University Press, 2009.

Zhao Gang. The Qing Opening to the Ocean: Chinese Maritime Policies, 1684-1757. Honolulu: University of Hawaii Press, 2013.

Zhao Litao. China's Development: Social Investment and Challenges. Singapore: World Scientific, 2017.

Zheng Yangwen. China on the Sea: How the Maritime World Shaped Modem China. Boston: Brill, 2012.

Zheng Yongnian. The Chinese Communist Party as Organizational Emperor: Culture, Reproduction and Transformation. New York: Routledge, 2010. Zheng Yongnian and Lance L.P. Gore, eds. China Entering the Xi Jinping Era. New York, NY: Roudedge, 2014.

Zheng Yongnian and Huang Yanjie. *Market in State: The Political Economy of Domination in China*. Cambridge, UK: Cambridge University Press, 2018.

索　引

（以下页码为原书页码）

A

Acapulco, 128
Afghanistan, 130
Afro-Eurasian landmass, 7, 26
agrarian societies, 87, 112
America First, 33
America, 120
American republic, 42, 52
Americans, 15
Amsterdam, 8
ancien regime, 3, 106
Angkor empire, 126
Angkor, 150
Anglo-Dutch Treaty of 1824, 130
anniversaries, 49, 76-77, 116, 147
Arab-Iranian kingdoms, 116
Archipelagic Southeast Asia, 129

archives, 81, 141-142
aristocracy, 42
army, 9, 30, 71-72
ASEAN Conference, November 2018, 160
ASEAN, 15-19, 135, 138, 157, 161
ASEAN-China Free Trade Area, 157
Asia, 9, 17, 19
Asian Infrastructure Investment Bank, 30
Asia-Pacific, 16
Association of Southeast Asian Nations (ASEAN), 15-19
Atlantic Europeans, 118
Adantic Oceans, 7-8, 155

Australia, 22
Austro-Hungarian empire, 11
Austronesian, 125-126

B

Bannermen-literati system, 49
barong bachi 八荣八耻, 91
Beijing, 9, 36, 42-43, 147, 152-153, 156
Beiping (Beijing), 12
Belt Road Initiative (BRI) . *see* One Belt One Road Bismarck, 9
Bo Xilai, 27
Bombay, 129
Books of Change, Poetry, History, Music, Rites, and the Spring and Autumn Annals Yi, Shi, Shu, Yue, Li, Chunqiu《易》,《诗》,《书》,《乐》,《礼》,《春秋》, 55-56, 84, 86
Boxer Rebellion, 49
British Malaya, 21
British, 8-9, 129-130, 133, 140
Buddhism, 32, 41, 56-57
bureaucratic state, 40, 59, 119
Burma, 10, 134, 150

C

cadres, 14, 26, 28, 75-76, 91, 98-99

Calcutta, 129
Cambodia, 16, 127, 157
Cantonese, 23
capitalism, 4, 27, 37, 44-45, 49, 52-53, 83-84, 86, 90, 99, 155
Catholic church, 7
Central Asia, 32, 41, 112
Central Europe, 44
centralized state foundation, 4
Champa, 150, 152
Chaozhou, 149
Chen Yinke, 140
Chen Yun, 46
Chiang Kai-shek, 12-13, 30, 44, 68, 71, 88, 92, 100
China Dream, 21-23, 25, 34, 39, 58, 77, 94, 154
China Seas, 128, 151
China, 118, 135, 157, 159
Chinese characteristics, 90-94
Chinese civilization, 45, 49
Chinese Communist Party (CCP), 5-6, 12, 23-27, 31, 34-36, 44-46, 50, 67, 71-72, 77-78, 83, 87-88, 92, 95, 97-99, 120, 154, 156
Chinese dynasties, 146
Chinese literati-mandarins, 58
Chinese revolution, 119
Cholas of South India, 117

Christian Holy Roman Empire, 7
Christian kingdom, 8
Christian missionaries, 32
Christianity, 54, 55, 115
church, 104–105
citizens, 8, 30, 51, 62
citoyens, 8
city states, 115
city, 73–74, 76, 112, 115–116, 147, 154–155
civic states, 74
civil vzar, 13
civilization, 3, 27, 32, 41–42, 44–46, 48–49, 51, 55, 62–69, 73–79, 111–112, 144, 148
class struggle, 45, 49, 59, 75, 88–89
classics, 48, 55–62, 75, 78, 86, 104, 142, 148
Cold War, 14–15, 23, 29, 36, 49, 120, 131–132, 135, 154, 158
collective leadership, 28, 92–93
colonies, 22, 83
colonists, 8, 125
Columbus, Genoan Christopher, 117
Communism, 13, 24, 27, 45, 53, 59, 72, 83–88, 90, 119
Communist leaders, 44
Communists, 45, 119
Comprehensive Examination of Documents, 58

Comprehensive Records, 58
Confucian literati, 29
Confudan, Buddhist and Daoist (佛，儒 and 道), 3, 5, 29, 39, 41, 45–51, 53–54, 56–57, 59, 67, 78–79, 84–87, 90–92, 96, 100–101, 106, 116, 119, 121, 126–127, 135, 144, 147–148
Confudanism, 29, 39, 41, 45–46, 49, 51, 53–54, 57, 144
Confudus, 35, 44, 55– 57
consensus, 31, 50, 58, 95–99
constitutionalism, 59
continental, 112, 151, 155
continuity, 25, 28, 34, 52–53, 57–58, 61, 93
corruption, 24, 27, 36, 91–92, 102, 156
Cultural History of China, 140
Cultural Revolution, 13, 22, 25, 44, 120

D

Dali kingdoms, 146
dangguo, 30
dangtianxia 党天下, 72, 79
Daoist classics, 57
Daoist loyalist, 41
decolonization, 107, 134, 155
Deng Xiaoping, 6, 13–14, 22–24,

索 引

26–30, 35–36, 45–46, 98–99, 136, 155–156
At-sinify 去中国化, 64
Diguo 帝国, 40
discipline, 25, 28–29, 61, 72, 91, 94
documents, 56, 62, 81, 124–125, 141
dogmatic secularism, 76
DongZhongshu 董仲舒, 56
DuYou 杜佑, 57

E

East Asia, 35
East India Companies, 8
East River Dongjiang, 149
Eastern Europe, 29, 112
economy, 25, 28, 43, 85, 91, 102, 143, 154–158
education, 43, 48, 64, 95–96, 99, 119
Elements of International Law, 10, 107
Emperor Meiji, 9
Emperor Qianlong's reign, 54
emperor-state, 3, 5, 40, 42–45, 49, 51, 54, 58, 66, 68, 72, 79, 100, 106
Engels, 25, 82
England, 9

equality, 75, 100
Eurasian continent, 112
Europe, 40, 44, 119–120
European Enlightenment, 51
European kingdom, 8
European Union, 159
examination system, 49, 95, 99, 148
executives, 42, 102, 104
exploitative capitalism, 83

F

fa 法, 67, 100–101, 107
fajia 法家, 56
family, 67, 72, 100, 104
family-tianxia 家天下, 67
Fan Wenlan, 140
Fascist countries, 44
fazhi 法制, 101, 108
Feudal empires, 8
feudal states, 40–41, 45, 75, 92
feudalism, 52–53
foreign recognition, 69
Four Asian Tigers, 14
Four Treasures (经史子集 *jing*-classics, *shi*-histories, *zi*-masters and *ji*-collections), 51–58, 60–62, 69–70, 81
France, 8, 11, 26, 131
freedom, 32, 35, 43, 47, 77, 153
French Enlightenment, 129

French republic, 42, 51
French Revolution, 129
Fu Sinian, 140
Fujian province, 10
Fujian, 27, 142–143, 151
Funan 扶南, 126, 150
functionaries, 58, 100

G

gaige kaifang policy, 155
gaige kaifang 改革开放, 155
gakumeisha 革命者, 70
Ge Zhaoguang 葛兆光, 48
geming 革命, 3, 42, 69–70, 72
General History of China, 140
Genghis Khan, 112
German, 119
Germany, 120, 131
Gibraltar, 137
global empire, 129–132
globalization, 33–34, 36, 42, 98, 111, 159
Golden Age, 106
gongfa 公法, 107
governance, 5, 42, 56–57, 61–62, 67, 87, 95, 101, 104, 106, 112
Great Harmony of Five Peoples 五族大同 (other wordings included United Five Peoples 五族合一 and the Five Peoples Family 五族一家), 66
Great Leap Forward, 89
Great Powers, 6, 8–9, 43, 50, 65
Greek philosophers, 55
Gujiegang, 140
Guangdong, 151, 152
Guangdong, Min 闽, 142
Guangzhou, 149
gudaishi 古代史, 52
Guizhou, 146, 152
guomin nationals and *gongmin* citizens 国民 and 公民, 68
Guomindang, 53
guoyu, 64

H

haijin 海禁, 152
Han China, 112
Han Chinese, 41, 48, 53, 143 Han dynasty (-ies), 40, 42, 53, 146 Han 汉, 41, 56, 64, 143–147, 149–150
Han-Chinese Ming dynasty, 145
Han-Chinese rule, 3, 21
Hangzhou, 144
Hanjiang 韩江, 149
Hebei, 27, 142
Henan, 142
heritage, 4, 30–31, 40, 44, 46–47, 50, 62, 64, 69–70, 74–75

索　引 · 167

hexin 核心, 29
hierarchy, 7, 55
historiography 历史学 51, 53, 57, 61, 123
History of Civilization in Europe, 73
history, 13, 17, 21, 26, 30, 51–57, 61–62, 93–94, 104, 108, 111, 117, 122, 138–139, 140–141, 145, 154, 158–159
Hong Kong, 9, 14, 22–23, 46
Hongzhi 弘治, 52
Hu Jintao, 27, 28
Hu Yaobang, 36
Hu, Rong, Yi and Man 胡戎夷蛮, 41, 55, 68, 101, 143
Hua nation, 51
hua 华, 51, 62, 143
Hua, 41
huangchao 皇朝, 40
Huang Zhan 黄沾; 23
huaxia 华夏, 47
Huiyao,《会要》, 57
Hunan, 143
Hundred Days Reform, 49
Hundred Yue, 143

I

Iberian Peninsula, 112
identity, 39, 41, 46, 49–50, 62, 64, 68, 91, 124, 132, 135

ideology, 8–9, 44–45, 48, 59, 75, 79, 99, 120
Imperial Library, 54, 57
imperialism, 8–9, 13, 45, 52, 83, 129
India, 11, 16, 32–33, 41, 56, 130, 157
Indian Ocean, 7, 19, 112, 114, 117, 125, 127, 129, 147, 151, 155, 161
Indie civilizadons, 111, 114
Indo-(Western)Pacific, 16
Indo-China, 11
indoctrination, 99
Indo-Europeans, 55
Indo-European language, 55
Indo-European peoples, 115
Indo-Pacific, 16
Indo-Pacific region, 18, 30
industrialism, 82
Industrial Revolution, 8, 85, 118, 130
industrialization, 84, 89, 99
Inner Mongolia, 12–13
inscriptions, 125–126
intellectual workers, 96
international law, 16–17, 103, 107–108
Irrawaddy rivers, 150
Islam, 54

J

Japan, 9–14, 16, 44, 120, 137, 157
Japanese Occupation, 83
Jesuits, 32
Jian Bozan, 140
Jiang Zemin, 28
Jiangsu, 142
Jiangxi, 26, 143
collections, 52, 58
jindaishi 近代史, 51
jing texts, 57
jing–classics, 53–54, 57–58
jing-sutras, 57
Jiulong Jiang, 九龙江, 149
Judaism, 54
judges, 102, 105, 108
Jurchen Jin 金 63, 69, 144–145, 151

K

Kang Youwei, 141
Khitan Liao, 144
Khmer Angkor, 126
Khmer Empire, 150
kingdom, 40, 104, 112, 142–146, 148–150, 152–153
Korea, 11–12, 155
Kublai Khan, 145, 151
Kuomingtang party, 12
Kuomintang loyalists, 12

L

Laos–Thailand, 160
Laozi, 56
Latin America, 7, 8
law, 32–33, 61, 67, 95–96, 100–108
League of Nations, 120
legal codes, 81, 100–101
legalism, 28, 56–57, 96–97, 101–103, 105–106
legislation, 42, 105
legitimacy, 3, 29, 41, 43, 48, 51, 65, 69, 72, 75, 92, 106, 145
Lenin, 12, 25–26, 34, 82
li 礼, 55, 67, 96, 100–101
Liang Qichao, 73–86
liberal democratic West, 44
liberty, 75
Lingnan 岭南, 143
Linyi 林邑, 150
literati civilization, 153
literati, 29, 48–49, 54, 57–58, 84, 86, 95–97, 99–100, 148, 152
literature, 43, 46, 58, 68, 98, 140, 142
LiuYizheng, 140
lixue 理学, 59, 84, 144
London, 8
Long March, 26

loyalty, 62–63, 91, 95, 97
Lu Zhenyu, 140
Luo Yue 骆越, 149

M

Madagascar, 125
Madras, 129
Mahabharata, 55
Majapahit, 6
Malacca, 6, 127
Malay Archipelago, 118, 134
Malay Peninsula, 127
Malaya, 22, 133, 141–142
Malayo-Polynesian people, 114, 125
Malaysia, 16
Maluku islands, 7
Man 满, 41, 68, 101, 143
management, 76
Manchu Bannermen, 48
Manchu emperors, 11, 42, 48
Manchu Qing dynasty, 11, 146, 152
Manchu rule, 11
Manchukuo, 120
Manchuria, 12, 145
Manchus, 3, 21, 41
mandarin, 32, 42, 54, 57, 63, 70, 76, 94, 100
Mandate of Heaven, 3
mandate, 3, 42, 69–70
Manila Galleon, 128
Manjianghong 满江红, 63
Manmo 蛮貊, 47
Mao Zedong, 4–5, 13–14, 21–22, 24–26, 29, 35, 44–45, 49, 53, 59, 98–99, 120, 155
Maoist ideals, 49–50
Maoist utopianism, 46
maritime, 112–113, 128, 150–152, 155–160
Maritime Champa, 126
maritime global, 7, 126–127, 131–132
market, 15–16, 34, 82, 92, 124, 128, 131, 136, 155, 157
Marx, Karl, 25–27, 34, 36, 59, 77–78, 82
Marxism, 44–45, 47, 53
Matteo Ricci, 32
May Fourth demonstrations, 49
Mediterranean Europeans, 117
Mediterranean Sea, 55, 115, 124, 128
Mekong, 150
Menam river, 150
mengya 萌芽, 53
merchant, 32, 97, 151–153
meritocracy, 66, 73, 96–100
Mexico, 128

Miao Fenglin, 140
Middle East, 29
militarized socialism, 87
Mill, John Stuart, 86
millenarian communism, 120
Min Yue 闽越, 149
Min 闽, 142-149
Mindanao coasts, 128
Ming China, 117, 152
Ming dynasty/emperor, 21, 52, 63, 124, 146-147, 152
Ming mandarin, 32
Ming-Qing period, 53
Minjiang, 149
mintianxia 民天下, 79
Minzu 民族, 42, 64, 66
Mirror for Government, 58
mission civilisatrice, 73
modernity, 25, 31-32, 34, 36, 62, 74, 78, 96
monarchy, 71
Mongol empires, 116
Mongol Yuan, 145-147, 151
Mongolia, 12
Mongols, 6, 13, 21, 41, 112, 145, 147, 151
Mongol-Turk armies, 147
Mon-Khmer origins, 126
morality, 76-77
Mughal empire, 6, 11

multi-polarity, 33
My China Dream (song), 23
Myanmar, 150, 152, 160

N

NanMan 南蛮, 143
Nan Tang 南唐, 142
NanYue 南越, 149
Nanhai (South China Sea) trade, 123, 139, 151
Nanjing regime, 71
Nanren literati, 147
Nanren 南人, 147
Nanxun 南巡, 156
Nanyang, 133
Nanyang connection, 132-133, 138
Nanyang huaqiao, 132
Nanzhao kingdoms, 146
Napoleonic France, 8
nation, 62
national civilization, 62-69
national empires (Nation in Empires), 5-9, 12-13, 65, 68, 98, 129
national identity, 64
nationalism, 87, 119
Nationalist leaders, 44
Nationalist Party, 43
Nationalists, 119
nation-state, 35, 40, 65-66, 68, 99, 104, 108

navy, 15, 117, 151
Nazi, 44
Nazi Germany, 131
neiyou waihuan 内忧外患, 30
Neo-Confucian canon, 144
Neo-Confucian civilization, 148
Neo-Confucian heritage, 148
Neo-Confucianism, 48, 84, 95, 144, 148
Netherlands, 8
Netherlands East Indies, 134
New Culture, 85
New Global, 114, 117–120, 123–124, 128–129, 136, 138, 155
New Literature, 85
New Order, 136
New Silk Roads, 19
New World, 116, 131, 134
Nile, 115
nong, gong, shang 农, 工, 商 peasants, artisans, merchants, 8, 12, 16, 22, 32, 44–45, 66, 75, 82, 93, 97–98, 102, 118, 124, 132, 151–153
norms, 100, 106
North America, 22
North Atlantic Ocean, 16, 161 North China, 12–13
North India, 55
Northern Dynasties, 41

Northern Vietnam, 149
Nusantara, 134

O

oceans, 16–17, 116–117, 124, 128, 130, 137, 158, 161
Old World Eurasia, 122
Old World, 111–112, 114, 116, 119, 122–123, 130–131, 137–138, 161
One Belt One Road Initiative (BRI), 19, 26, 30, 123, 158
Opium Wars, 9, 51–52, 118, 132, 142, 153
orthodoxy, 45–50, 77–79, 96, 101, 144, 146
Ottoman empire, 11
Ottoman Turkic empire, 8
Outer Mongolia, 13

P

Pacific Oceans, 7, 117, 155
Paiwan, 10
Parkinson, C. N., 142
participation politics, 76
Party Congress, 36
party-state, 28, 30, 36, 40–41, 49, 68, 71–73, 77, 79
Peace of Westphalia, 8
Pearl Harbor, 13
Pearl River, 141, 149–150

peasant, 22, 44, 66, 93, 97–98, 102, 153
Penang, 129, 141
Peoples Liberation Army（PLA）, 13, 15, 25, 28
People's Republic of China（PRC）, 22–23, 25, 30, 35, 49, 59, 62, 64
performance, 76, 99
periodization, 53, 61–62
Persia, 130
Philippines, 7, 16, 128
Philosophy of Eastern and Western Cultures, The, 74
political culture, 76
popular sovereignty, 75
populism, 25, 30
post-colonial, 64
pragmatism, 77, 135
presidency, 42–43
Prince of Yan 燕王, 147
progress, 25, 31, 45, 47, 59, 66, 73, 78, 102, 154
proletariat, 82
protector, 48
Protestant church, 7
Putonghua, 23

Q

Qian Mu 钱穆, 48, 140
Qiantang Jiang 钱塘江, 149
Qin dynasty, 40, 63, 146
Qin laws, 106
Qin unification, 4–5
Qing China, 10–11, 17, 65
Qing dynasty/Empire, 3, 9–12, 17, 118, 124, 146
Qing imperial map, 146
Qing loyalists, 53
Qing mandarins, 32, 118
Qing official, 42
Qingshi 清史, 53
Qin–Han empire, 149–150

R

1911 Revolution, 49
radicalism, 75
Raffles Library, 141
Ramayana, 55
recovering meritocracy, 96–100
Red Guards, 98
Red River Honghe, 149
Red Sea, 7, 128
reformation, 104, 128
religion, 8, 54, 76, 98, 115, 128
religious doctrine, 104
Renaissance, 32, 55
renzhi, 101, 106
Republic of China, 43
Republic of Five Peoples 五族共和,

66
reunification, China, 4, 25, 49, 56, 72, 88, 142, 144
Review China dream, 23
Revive China call, 23
Revive China dream, 23
Revive China Society 兴中会, 21, 66
revolution, 5, 8, 22, 25, 30, 34, 40, 42–43, 46, 67–70, 72, 82–83, 85, 89, 118–119, 128–130
riverine states, 124–126, 143, 148–150
Roman Empire, 6, 40, 55, 112
Roman *imperium*, 6
Roman philosophers, 55
Roosevelt, E. D., 13
rule of law, 33, 96, 100–105, 107–108
Russia, 36, 131
Russian Revolution, 30
Russians, 15, 119
Ryukyu (Okinawa) kingdom, 10

S

sacred texts, 94
Salween river, 150
science, 31, 35, 44, 62, 68, 77, 97, 119, 153
second revolution, 43
secret societies, 21, 70, 88
Semitic peoples, 115
settlers, 143, 160
Shaanxi, 142
shaman, 55, 115
Shandong, 12, 142
Shanghai Cooperation Organization (SCO), 158
Shanghai, 9, 15, 27
Shanxi, 142
Shen Jiaben 沈家本, 100
Shi–histories, 51–62, 52
shi–literati 士, 97
Shitong《史通》*General History*, 57, 140
shu er buzuo 述而不作, 94
Sichuan, 146
siku quanshu zongmu《四库全书总目》, 52
Silk Road Initiative, 158, 160
Sima Qian's *Shiji* 司马迁《史记》, 52
Singapore, 14, 129, 133–134, 140–141
Sinic Chinese, 114
Sink civilizational, 114
Sinitic peoples, 55
Sino–Japanese War, 49
sishu wujing 四书五经, 59
Slavery, 52–53
social structure, 97

socialism, 4, 23, 27, 29–30, 44, 46–47, 49, 52, 59–60, 77–78, 82–94
socialist spiritual civilization, 46, 75, 77
Socialist *tianxia*, 25
Song dynasty (–ies) 宋, 5, 32, 54, 58, 63, 70, 78, 84–85, 101, 142–149, 151
Song Guo 宋国, 144
Song navy, 151
Song, Qi, Liang and Chen dynasties 宋齐梁陈 5, 32, 54, 58, 63, 70, 78, 84
South China, 43, 139–161
South China Sea, 16, 137, 149–150, 152–153, 157, 159
South Korea, 14
Southeast Asia, 15–16, 18, 22, 32, 46, 124, 128, 134–135, 137, 155–156, 161
Southern Dynasties, 41
Southern Han 南汉 11, 142
Southern Kingdoms, 143
Southern Man, 143
Southern Song, 146
Southwest Man peoples, 150
sovereignty, 17, 36, 50, 62, 75, 157
Soviet Communist Party, 24
Soviet Russia, 13

Soviet socialism, 30
Soviet Union, 35–36, 44–45
Spain, 7
Spencer, Herbert, 86
spiritual, 49, 76–77
Sriwijaya, 6
Stalin, 25, 82
state-building, 47, 73
state-owned enterprises, 28
Straits of Malacca, 129
Straits Settlements, 133
Studying China, 139
subjects, 41, 62, 65, 98, 103–105, 126, 132
Suharto, President, 135
Sui dynasty (–ies), 56, 143, 146
Sukarno, President, 135
Sun Yat-sen, 11–12, 21, 23, 29–30, 42–44, 119, 141, 154
superpower, 33–34, 36, 107, 111, 157

T

Taiwan, 10, 12, 14, 35, 46, 53
Tang civilization, 42
Tang dynasty(–ies), 41, 52, 54, 56–57, 142–143, 146
Tang empire, 150–151
Tangren 唐人, 143, 148, 151
Tangut Western Xia, 144

technology, 7, 31, 35, 62, 99, 112, 119
temples, 126–127
Thailand, 16
theory, 46, 60, 91
Theravada Buddhist states, 150
Tiananmen, 21, 36, 47
Tiananmen tragedy, 49, 156
tianming 天命, 4
tianxia weigong 天下为公, 73
tianxia 天下, 25, 40, 56, 65–67, 98, 111, 142, 146–147, 154
tianzi 天子, 40–45, 69
Tibet, 130
Tibetans, 41
Tibeto-Yunnan highlands, 125
Tigris-Euphrates, 115
Tokugawa Shogunate, 9
Tongdian《通典》Authoritative Records, 57
Tongzhi《通志》, 58
total Westernization 全盘西化, 44
trade, 113, 123
tradition, 50–54, 74–77, 94, 104, 106, 121
Treaty of Versailles, 120
Treaty Ports, 9, 43
tribute, tributary state, 152–153
Tsarist Russia, 130
Tsarist Russian empire, 8

Turkic Tuoba 拓跋, 143
Turks, 41

U

Ukraine, 14
Ukrainians, 14
UNCLOS (United Nations Convention on the Law of the Seas, effective in 1994), 17
Unequal Treaties, 50
United Nations, 14, 17, 35
United States, 8, 11, 13, 26, 31, 33–36, 44, 51, 88, 119, 137, 157, 159
University of Malaya, 140
Urban culture, 75

V

Vasco da Gama, 117
Vietnam War, 157
Vietnam, 10, 16, 134–135, 150, 152, 155, 157, 160

W

Wang Hui 汪晖, 48
Wang jingwei, 12
Wang Pu 汪溥, 57
Wang Qishan 王岐山, 102
Warlord anarchy, 71
Warlords, 11–12, 43–44, 70–71,

87, 119, 142
Wei 魏 dynasty, 143
Welfare, 82–83, 87–88
Wen Jiabao, 27
wen 文, 74
wenming 文明, 73–74
Wenxian tongkao《文献通考》, 58
West River Xijiang, 149
Western China, 13
Western Europe, 17, 31, 34, 39, 41, 55, 58
Western Heaven 西天, 32
Western Pacific Oceans, 19, 161
Western Xia, 145
Westphalia, 17
Westphalia, treaties of, 17
Westphalian Peace in Europe, 17
Wheaton, Henry, 10
winning battles 打胜仗, 25
World War I, 120, 130
World War II, 13, 51, 133, 136
World Wars, 111, 130
Wu Tingfang 伍廷芳, 100
Wu Yue kingdom, 149
WuYue 吴越, 100, 142
Wudi emperor, 56
wufa wutian 无法无天, 101
Wuhu luanhua 五胡乱华, 143

X

Xi Jinping, 19, 21–31, 33, 36, 58, 121, 123, 154
Xianluo 暹罗 (Siam), 150
xiaokang 小康, 99
xin ruxue New Confucianism, 85
Xinan Man 西南蛮 143, 146
xing 行, 94
Xinjiang, 130
Xinjiang-Turkestan, 146
Xu Zhuoyun 许倬云, 48

Y

Yan Xuetong 阎学通, 48
Yangtze River, 15, 140, 143, 146, 148
Yellow River, 142–143, 146
Yinyang School, 57
Yongle, 147
Young Chinese, 32
Yu Yingshi 余英时, 48
Yuan dynasties, 146
Yuan population, 147
Yuan Shikai, 42, 43
Yue Fei, 63
Yue kingdom, 149
Yunnan, 146, 152

Z

Zhancheng 占城, 150
Zhang Binglin, 150
Zhao Dingxin 赵鼎新, 48
Zhao Tingyang 赵汀阳, 48
Zhejiang, 27, 142, 143, 151
Zheng He, 147, 151, 152
Zhengde 正德, 52
zhengshi Standard Histories, 58
zhengshi 正史, 52, 58
Zhenla/Gaomian 真腊－高棉, 150
zhi 知, 94
zhonggu 中古, 52
zhongguoren, 64

Zhonghua minzu 中华民族, 66, 154
Zhonghua minzu, 154
Zhonghua nation, 51
Zhonghua 中华, 42, 51, 63, 68, 74, 79
Zhou dynasty, 55
ZhouYiliang, 140
Zhou, 56
Zhu Di, 147
Zhu Yuanzhang, 21, 145
Zhuangzi, 56
zi–Masters, 52, 58
Zizhi tongjian《资治通鉴》, 58
zongtong 总统, 42

Copyright © 2019 by World Scientific Publishing Co. Pte. Ltd.
All rights reserved. This book, or parts thereof,
may not be reproduced in any form or by any means,
electronic or mechanical, including photocopying,
recording or any information storage and retrieval system now known or
to be invented, without written permission from the Publisher.
Simplified Chinese translation arranged with
World Scientific Publishing Co. Pte Ltd., Singapore.